俞敏洪谈创业

TALK

周锡冰 /著

财富商学院标杆企业书系

当代中国出版社
Contemporary China Publishing House

图书在版编目（CIP）数据

俞敏洪谈创业 / 周锡冰著 . -- 北京：当代中国出版社，2023.2
（财富商学院标杆企业书系）
ISBN 978-7-5154-0991-7

Ⅰ.①俞… Ⅱ.①周… Ⅲ.①民办学校—企业管理—经验—中国 Ⅳ.① G522.74

中国版本图书馆 CIP 数据核字（2019）第 296487 号

出 版 人	冀祥德
责任编辑	陈　莎
责任校对	康　莹
印刷监制	刘艳平
封面设计	马　帅　鲁　娟
出版发行	当代中国出版社
地　　址	北京市地安门西大街旌勇里 8 号
网　　址	http://www.ddzg.net
邮政编码	100009
编 辑 部	（010）66572180
市 场 部	（010）66572281　66572157
印　　刷	北京润田金辉印刷有限公司
开　　本	880 毫米 ×1230 毫米　1/32
印　　张	9.5 印张　2 插页　178 千字
版　　次	2023 年 2 月第 1 版
印　　次	2023 年 2 月第 1 次印刷
定　　价	65.00 元

版权所有，翻版必究；如有印装质量问题，请拨打（010）66572159 联系出版部调换。

自 序

"林子里有两条路,我——选择了行人稀少的那一条,它改变了我的一生。"这是美国诗人罗伯特·弗罗斯特写的一首诗——《未选择的路》中的一句。

该诗写于1915年,罗伯特·弗罗斯特以简洁的语言,描述了自己对人生、事业等诸多选择的反省,传递了人生必须敢于选择、勇于选择、善于选择,才能赢得未来的道理。

对于出生于江苏省江阴市夏港街道葫桥村的一个普通的农村家庭的俞敏洪来说,每做出一个选择,必须慎之又慎,不管最后能否成功,都必须接受选择时付出的机会成本代价。

机会是给有准备的人的,俞敏洪就是那个有准备的人。在躁动的时代,俞敏洪抓住了高考恢复的契机,由此开启了一个前程似锦的人生与未来。1978年,改革开放的春风徐徐地吹进长江咽喉——江阴市,已初中毕业两年的俞敏洪第一次参加高考。不幸的是,俞敏洪落榜了。俞敏洪并未就此灰心,而是再接再厉。有志者,事竟成。1980年,第三次参加高考的俞敏洪不再名落孙山,而是顺利地考上了北京大学西语系,英语成绩竟然高达 93 分。

当俞敏洪接到北京大学的录取通知书时，母亲李八妹比俞敏洪更高兴：第一，几年来的努力终于"天道酬勤"；第二，能够上北京大学，自然可以光宗耀祖；第三，俞敏洪从此"鲤鱼跳龙门"，成为公门中人，也将捧上"铁饭碗"，不再下田种地。因此，为了庆贺俞敏洪考上北京大学，李八妹在村里举办了一次"空前绝后"的酒席。

李八妹对俞敏洪说："你到了北京，以后回不来了；虽然没老婆，还是把升学酒席和结婚酒席都一次办了。"

基于此，李八妹把家里的猪、羊、鸡全杀了，请了三个厨师，宴请全村的亲戚、朋友和老师。喝完酒后，俞敏洪乘坐邻居从城里借来的一辆大卡车到常州火车站，然后乘火车抵达北京。

青年的俞敏洪虽然在嘈杂的火车车厢中站立了全程 36 个小时，却丝毫没觉得累，进京的喜悦和对未来的憧憬让他万分激动。

12 年后，俞敏洪的老乡——京东创始人刘强东，也踏上了赴北京的求学之路。刘强东报考的不是外语专业，而是中国人民大学社会学系，距离俞敏洪求学的地方不到 2500 米。临行前，刘强东带上邻居们拿出的、让自己足足吃了半个月的鸡蛋；为了防止被偷盗，刘强东把亲戚们凑的 500 元生活费缝在内裤里。

相比老乡刘强东，俞敏洪的日子要好过得多。改革开放后，李八妹辞去生产队队长的职务，办起了五金矽钢片厂。厂子规模不大，只有6台冲床，李八妹既当厂长，又兼供销员。由于李八妹有生意头脑，又善于处理人际关系，大家都愿意跟她做生意。短短几年，李八妹就成了当地第一个万元户。

优越的经济条件，尤其是93分的英语成绩，让俞敏洪的自信心爆棚。然而，蹩脚的普通话和江苏口音的英语，以及自身的英语口语表达，让俞敏洪从A班调到C班。

这样的变化使俞敏洪的心情跌入谷底，精英众多的北京大学更让他看到了自身的不足。其后，俞敏洪加倍勤奋，努力奋进。

1982年，由于长期的郁闷情绪，俞敏洪患上肺结核，不得不休学一年。千里之外的俞母得知这个消息后，立刻从江阴动身，赶赴北京看望生病的俞敏洪。

与其他家长不同的是，李八妹带了很多土特产，在火车上销售。等火车抵达北京时，李八妹不但挣到了返程的路费，甚至连俞敏洪半年的学费也挣够了。从某种程度上讲，母亲李八妹的经商天赋，影响了俞敏洪，为他后来创办新东方打下基础。

大学毕业后，俞敏洪留校任教。不安分的他，积极筹划出国。1988年，俞敏洪参加托福考试，得了663分。不过，其后美国减少了中国留学生的人数。

出国受阻，俞敏洪开始和同学在校外办英语培训班。然而，"东窗事发"，俞敏洪就这样结束了自己在北京大学的教师生涯。

针对俞敏洪在校外办培训班的事，北京大学极为重视，处分俞敏洪的理由之一就是：打着北京大学的名义私自办学。

此刻的俞敏洪，与华为创始人任正非有些类似。被组织除名后，为了养家糊口，俞敏洪正式进入英语培训行业。

由于英语培训的需求过于旺盛，俞敏洪想到了企业化的运作。1993年，他创办北京新东方学校，开始了自己的企业家、创业家、投资家之旅。

为了让新东方做大做强，俞敏洪亲赴美国"三顾茅庐"，把王强、徐小平请来。经过10多年的努力，俞敏洪成功地谱写了中国民营教育的传奇。16年后，在"2009CCTV中国经济年度人物"颁奖晚会上，主持人给予俞敏洪极高的评价：

一个曾经的留级生，让无数学子的人生升级；他从未留过洋，却组建了一支跨国的船队。他用26个字母拉近了此岸和彼岸的距离。胸怀世界，志在东方。

能够得到CCTV如此高的评价，足以说明俞敏洪取得的成就。当功成名就时，俞敏洪分享了自己的创业经验。

在本书中，作者复盘了俞敏洪在面临破产、市场拓展、竞争战略调整等诸多关键时刻的抉择，全景揭秘了俞敏洪的管理哲学、团队建设、商业模式等，期望能够给各行各业的创业者、企业家，以及研究俞敏洪的管理者提供帮助。

目 录

第一部分 "相信自己，敢于尝试"

003 "做生意，并非要你懂所有的财务模型、所有的财务设计才能去做。就是你要去试，试的过程就是能力增长的过程。"

010 "创业必须付出行动，光靠看书不会起到太大作用。在创业这条路上，实践比理论要更加重要，当然有理论指导更好。"

015 "我后来一做培训机构，这件事情我觉得我要做它一辈子，因为我觉得做这件事情很兴奋。所以你会发现，人就是这样的，从小的东西做起，思路要正确，要步步为营。"

第二部分　创业，光有热情远远不够

023　"任何一个创业者，你必须做好充分的准备以后，创业成功的可能性才会比较大。"

028　"如果没有准备好，只是说看到别人创业了自己随便去干一干，因为你没有明确的理念，没有想好未来公司怎么做，没有考虑团队怎么建，那么就很容易失败了。"

044　"创业不是说说就能成功，很多创业者做到一半就没有了，原因是创业者本身就没有做好准备，不是切入的项目不好。"

051　"真正伟大的创业项目有个特征——创始人本身无比喜欢这件事情，是因为喜欢这件事情才要去做这件事情。"

059　"做任何事情一定不要贪大，要做到小而精、小而美。"

第三部分　创业成败取决于创业者的态度

069　"创业不要盲目，更勿'一哄而上'。"

080　"创业不要盲目，不要为了创业而创业，需要等到确实有个好想法、好的商业模式。"

085　"创业这件事情要做成，就是关注四个人。"

093　"创业须从安全的地方开始，一旦开始很难有回头路。"

目录

第四部分 100份商业计划书，99份基本都被拒掉

099 "任何不以挣钱为目的的创业，都是耍流氓。现在有很多小年轻跑过来找我的时候，找投资，上来谈情怀，他们知道我这个人是谈情怀的人，但挣钱路子都没有摸清楚，如果想不通钱怎么挣就意味着你没有商业头脑，如果进入商业领域是万死的情况。"

109 "合伙人不是找的，是碰的。"

143 "100份商业计划书，99份基本都被拒掉。"

148 "凡是想要创业的人，其实无论成败，你已经贴了一个标签，这个标签就是你不甘平庸。"

157 "定估值要长远考虑，每一轮要比上一轮高。"

第五部分 创业时间可缩短，过程却不可跨越

165 "创业其实就是循着正道，循着你的目标，时间可长可短。"

170 "创业者只有亲力亲为、以一当十才可能成功。"

178 "创业不能跟风，要坚持自己的理想并全情投入。"

186 "我们既然想融入世界，就要守世界规矩，这件事情非常重要。"

195 "因为你诚实，朋友就会相信你；因为你诚实，所以客户会追随你，愿意跟你合作。"

| 第六部分 | 敢于永不言败 |

207 "和政府的代表人物也就是政府领导,尽可能保持中立关系,而不要靠某一个人靠得太近。"

第六部分　敢于永不言败

215 "创业者必须清楚自己的心理承受能力。"

218 "创业实际上是艰苦的过程,没有任何人可以保证创业就一定能够成功。"

225 "要成功,先要经得起侮辱;面对失败,要有水的精神。"

230 "上什么样的大学与创业成功与否无关。"

第七部分　团队建设就像揉面团

239 "企业要干好,三大块儿,一是利益,二是权力,三是人情。"

246 "这个世界上没有任何一件事,是你一个人可以做成功的,我们讲究集体领导,其实,任何一个创业公司他也是一个集体领导和个人领导的过程。"

253 "切勿一人打天下,主导局面,组建强大队伍。"

257 "学会在坚持原则的前提下和别人和睦相处,并且学会和别人分享自己的感情和思想。"

目 录

第八部分　上市没有那么美

265　"在上市之后，我发现压力更大了，因为我们要为股民负责，今年赚了 10 个亿，明年就要做 20 亿，再后年要做 30 亿，所以我们一直被逼着做到了每年 120 多亿。"

271　"很多 500 年、800 年的咖啡店现在还开着，规模没有变化，但老板祖辈相传，充满了幸福感和骄傲感。想一下，如果咖啡店以每年 20% 的速度扩张，会变成什么样？整个巴黎都应该是同一家咖啡店了。"

277　"上市是很糟糕的一件事情……你犯得着吗？你干吗要这么辛苦？你不缺这个钱。"

281　"我压力很大，也很疲惫，甚至后悔把新东方做大，后悔把新东方弄上市。"

285　参考文献

289　后　记

第一部分
"相信自己,敢于尝试"

做生意,并非要你懂所有的财务模型、所有的财务设计才能去做。就是你要去试,试的过程就是能力增长的过程。

——新东方创始人 俞敏洪

第一部分 "相信自己，敢于尝试"

> "做生意，并非要你懂所有的财务模型、所有的财务设计才能去做。就是你要去试，试的过程就是能力增长的过程。"

提及新东方创始人俞敏洪，很多读者自然而然会想起在《赢在中国》栏目，或者其他电视节目中的俞敏洪，他不仅谈笑风生，而且极具煽动性。

在公开场合，俞敏洪从不避讳自己的"传奇"经历，甚至时常调侃自己。例如，在创业过程中，他经历的诸多磨难；在创业之前，他曾三年高考、从北大辞职、创办新东方……

正是这些经历，几乎让俞敏洪成为当代创业者心中"神一般的人物"，受到大家的热烈追捧。如今的俞敏洪，已经功成名就——全国政协委员、新东方创始人、新东方集团董事长、北京工业大学耿丹学院院长。而且，他已桃李遍世界。

俞敏洪之所以能够获得如此殊荣，在于他不仅是一名出色的教师，也是一名创业布道者。可能读者会问，俞敏洪的创业是如何开始的？又是如何成功的呢？

面对好奇的读者，俞敏洪回答了这个问题——"被动地推出来的，这就是我不想动也得动。"

据俞敏洪介绍，他有关创业的经验是，要想创业成功，第一件事就是"要敢去想、敢去试"。

俞敏洪解释道:"做生意,并非要你懂所有的财务模型、所有的财务设计才能去做。就是你要去试,试的过程就是能力增长的过程。"

俞敏洪的观点无疑具有极大借鉴性。纵观历史,无论古今中外,要想创业成功,就必须拿出敢于迈出创业第一步的勇气,否则,再好的想法也只不过是想法而已。

对此,俞敏洪在接受媒体采访时强调,这个世界上失去什么都不可怕,唯一可怕的是失去你的心,失去你的勇气。

事实证明,勇气不会辜负那些敢想敢干的有心人。1980年,俞敏洪在坚持复读两年后,终于考上了北京大学。

北京大学,向来是全国高考状元的汇集地。根据相关报告数据显示,在最新校友会2020中国大学杰出校友排名中,1952年以来,北京大学培养造就的中国各类杰出学术人才校友人数多达1051人,其中培养造就的中国科学院和中国工程院院士校友人数高达183人,雄居艾瑞深校友会2020中国大学杰出学术人才校友排名冠军。这份数据足以让作为全班唯一一个从农村考上北京大学的俞敏洪倍感焦虑,俞敏洪不仅普通话说得不好,甚至还被从A班调到较差的C班;在大三时,患肺结核的他不得不休学一年。

1985年,俞敏洪顺利毕业,成为北京大学一名英语教师。其后,狂热的留学热潮席卷中国大地。此番热潮也让当初内心平静的俞敏洪遂生波澜，逐渐萌生出国留学的想法。

1988年，俞敏洪参加托福考试，并且获得高分。然而，天有不测风云，就在俞敏洪全力以赴地为出国留学而奋斗时，美国紧缩对中国的留学政策。此后两年，中国赴美留学的人数大减，俞敏洪赴美留学的梦想在努力了三年半后几乎付诸东流。更为严重的是，在准备出国留学过程中，他几乎耗尽了所有的积蓄。

面对困境，俞敏洪开始在外面兼职教书。后来，俞敏洪又约几个同学一块儿开办托福班，挣出国留学的学费。

1990年秋天，正当俞敏洪加紧筹备出国留学的所有费用时，他的如意算盘落空了。由于俞敏洪打着北京大学的旗号私自办学，遭到北京大学的严惩。

在北京大学的校园广播、有线电视和著名的"三角地橱窗"里，北京大学高调宣布了处分俞敏洪的决定。对此，俞敏洪可以说是没有任何思想准备。

1991年，迫于压力，俞敏洪辞去了北京大学英语教师的工作。辞职后的俞敏洪，甚至感觉自己的人生陷入绝境。

然而，也正是这些磨难，让俞敏洪有了重生的机会。尽管自己留学失败，他却对出国考试和出国流程了如指掌；尽管迫于压力离开北京大学，反而让俞敏洪对培训行业的了解越来越深。

其后，俞敏洪开始在一个叫东方大学的民办学校办培训班。在此次合作中，东方大学出牌子，俞敏洪支付东方大学15%的管理费。

这一年，俞敏洪29岁。在当时，俞敏洪的小目标仅仅是挣一笔学费，摆脱生活的窘境，而他的诸多同学和朋友已经正式在美国留学。

就这样，俞敏洪创业了。然而，在创业阶段，俞敏洪经历了与其他创业者相似的种种遭遇。作家卢跃刚就曾生动地描述了俞敏洪的这段创业经历：

> 他（俞敏洪）在中关村第二小学租了间平房当教室，外面支一张桌子，放一把椅子，"东方大学英语培训部"正式成立。
>
> 第一天，来了两个学生，看"东方大学英语培训部"那么大的牌子，只有俞敏洪夫妻两个，破桌子，破椅子，破平房，登记册干干净净，人影都没有，学生满脸狐疑。
>
> 俞敏洪见状，赶紧推销自己，像是江湖术士，凭着三寸不烂之舌，活说死说，让两个学生留下钱。夫妻俩正高兴着呢，两个学生又回来了。他们心里不踏实，把钱又要回了……

这样的开始足以说明俞敏洪当初创业的艰难。不过，开局虽然困难重重，但是俞敏洪始终认为，"要敢去想、敢去试"，就终有出头之日。就这样,在拼死拼活干了一段时间后,培训班渐渐有了起色。

当培训班的人数越来越多,原来的培训班已经无法满足需求了。于是,俞敏洪萌生了自己办班的念头。

1993年,在一间10平方米透风漏雨的小平房里,俞敏洪创办了北京新东方学校。事隔多年,俞敏洪依然记忆犹新。俞敏洪介绍道:

> 最初成立新东方,只是为了使自己能够活下去,为了每天能多挣一点钱。作为一个男人,快到三十而立的年龄,连一本自己喜欢的书都买不起,连为老婆买条像样的裙子都做不到,整个家庭无家可归,连家徒四壁都谈不上,自己都觉得没脸活在世界上。

在当时,俞敏洪曾自己想:只要能赚到十万元钱,就一辈子什么也不干了。但是,随着其他几名创业合伙人的加入,新东方的发展越来越好。据新东方官网介绍,目前(新东方)集团以语言培训为核心,拥有短期培训系统、基础教育系统、文化传播系统、科技产业系统、咨询服务系统等多个发展平台,是一家集教育培训、教育产品研发、教育服务等于一体的大型综合性教育科技集团。新东方教育科技集团于2006年9月7日在美国纽约证券交易所上市,成为中国大陆首家海外上市的教育培训机构。

据新东方官网介绍,新东方教育科技集团定位于以学生全面成长为核心,以科技为驱动力的综合性教育集团。集团由1993年成立的北京新东方学校发展壮大而来,拥有短期培训系统、文化传播系统、咨询服务系统、科技产业系统等多个发展平台,打造了新东方学习成长中心、新东方国际教育、新东方大学生学习与发展中心、新东方在线、新东方前途出国、新东方国际游学、新东方满天星、新东方大愚文化等诸多知名教育品牌。作为中国著名私立教育机构,新东方教育科技集团于2006年9月7日在美国纽约证券交易所成功上市,2020年11月9日在香港联合交易所成功二次上市。

根据新东方在线的官网资料显示,新东方在线于2005年成立,是新东方旗下专业的在线教育平台。一直以来,新东方在线致力于用教学产品和科技工具,来打破学习的时间、空间和场景限制,最终为用户的终身学习赋能。得益于优质品牌、强大师资、精品教研,以及前沿科技与教育的结合,新东方在线为每一个学员带来优越的在线学习体验。经过15年的努力,新东方在线已能够为用户提供从学前、K12到成人的全品类、全年龄段教育产品。目前,新东方在线拥有"新东方在线""新东方在线中小学""东方优播""新东方多纳"四大To C业务品牌,以及To B产品"新东方在线教育云",为高校图书馆、公共图书馆、儿童家庭等客户提供独特创新的解决方案。

第一部分　"相信自己，敢于尝试"

如今，新东方已成为中国以科技为驱动力的综合性教育集团，不过，俞敏洪却说：

> 新东方走到今天，不在我的意料之中，因为最初只是为了糊口，招几个学生办个小小的补习班而已。新东方到了今天，我们就有了更多的期待，希望能够用自己的行为和思想，为中国学生做更多的事，为中国教育做更多的事，为中国未来做更多的事。

回顾自己的创业经历，俞敏洪直言，自己和周围朋友的成功，都是反复"试"的结果。

> "创业必须付出行动,光靠看书不会起到太大作用。在创业这条路上,实践比理论要更加重要,当然有理论指导更好。"

在很多机场书店中,一些伪大师的讲座和著作被一些创业者或者正打算创业的人群视为圭臬。殊不知,这样的思维本身就会陷入经验主义陷阱中。

原因是,在创业过程中,创业者必须敢于迈出创业的第一步,仅仅看书是不会取得多大效果的。正如诗人陆游在《冬夜读书示子聿》一诗中写道的那样:"古人学问无遗力,少壮工夫老始成。纸上得来终觉浅,绝知此事要躬行。"

在陆游看来,从书本上得到的知识毕竟比较肤浅,要透彻地认识事物还必须亲自实践。新东方创始人俞敏洪认同这样的观点。

俞敏洪在公开场合坦言:

> 创业必须付出行动,光靠看书不会起到太大作用。在创业这条路上,实践比理论要更加重要,当然有理论指导更好。

第一部分 "相信自己,敢于尝试"

在北大光华管理学院举办的"众创军规"论坛上,作为新东方教育科技集团董事长的俞敏洪对创业是这样解释的:

> 创业就像游泳,你得让自己跳下水里。有一点要注意,不会游泳就跳到深不见底的大海,如果没人救你铁定被淹死。你可以从能踩到底的游泳池开始,慢慢学会游泳,再到小河、池塘,紧接着到长江中间,再到大海。创业也是这样循序渐进的过程,当然如果有像我这样的(投资)人帮你,你可以大胆一点。

为了让创业者更好地理解创业的敢想敢干,俞敏洪举例说明了这个问题:

> 我进了北大以后一心一意想谈恋爱,不知道怎么谈,就买了谈恋爱的书,看了好几本,但直到大学毕业我依然没有谈恋爱。光读书没用的,我当时背了无数恋爱诀窍,但是一走到女生面前就怂了。

谈恋爱如此,创业更是如此。在俞敏洪看来,在创业这条路上,实践经验比理论更加重要。当然创业者如果有正确理论的指导,尤其是有过创业经验的企业家告诉创业者怎么经营企业,这还是值得提倡的。那是因为失败的教训比成功的经验更加值得创业者重视。

要想创业成功,俞敏洪认为,创业者必须搞清楚两个要素:

第一,必须从对自己安全的地方开始。创业不是上来就铺开做大的事情,而是从小事做起,把它做成大事。但如果你创业起点不一样,那可以大胆一点,拿出你的商业计划、商业模型,告诉我们(投资人)说你能成为游泳健将;说服我们了,我们就可以给你安排游泳池,甚至是大海,对你进行保护,最后来游,这就是我们投资人的角色。我们把自己当教练看,但首先你要跳到水里游泳,这是第一个要素。

第二,创业一旦开始,是很难有回头路的。这个道理非常简单,我觉得创业是把一条家狗变成一只狼的过程。从小到大在学校学习,你一直处于安全范围之内,而创业像把你从游泳池扔到大海,如果你在大海游习惯了,你一定不会再选择游泳池,就像你现在让我再次选择,我仍会选择辞职创业一样。因为我从北大辞职创业以后,才发现校园外面是一个更大的海,是可以为更大的梦想而奋斗的世界。马云做阿里巴巴是他做的第五个公司,前面四家没有做成功,他回去当老师了?没有,他已经做"野"了。

第一部分 "相信自己,敢于尝试"

在俞敏洪看来,作为创业者,一旦习惯了"狼"的生活以后,要想回到"家犬"的生活状态,几乎是不可能的。俞敏洪坦言:

> 我也鼓励这种状态,因为人的生命就是一种扩张,人的生命就是一种兴奋,人的生命就是一种在未知道路上的探索,遭遇一个个人生中的意外之喜,这种意外之喜伴随着很多艰难困苦。

据美国心理学研究得出的结论显示:一个人在经历各种各样、大大小小的荆棘载途的过程中,不仅锤炼了自己坚毅的性格,同时也培养了应对困难的各种能力,对其后的人生或者创业,都是大有裨益的。对此,俞敏洪说道:

> 我总结人生几个挫折,给我带来的都是好处。我高考前两年失败,大专没考上,所以你可以发现有的时候相反的东西是另外一个你的生存道路新的展现……我养成了一个心智模式:我认定任何一个生命中的伤痛都是打造完美的人的前提条件。如果你这么想了,你遇到很多事情就会抓住任何机会往前探索。如果你创业失败了,就像马云那样想——当时马云把所有朋友再次请到杭州,告诉所有人:"我们做的这家公司叫阿里巴巴,我们一定

能够把它做到世界上最大的公司。"他自身显露出来的自信，让"十八罗汉"尽管未必完全相信，也把钱拿了出来。

俞敏洪由此认为，要坚信自己能够做成事情，"这是非常重要的。有这样不回头的勇气，面临失败之后反而觉得这是老天在锻炼你的能耐，我觉得创业（成功）这件事情就离自己不远。至于创业多大多小无所谓，重要的是你在人生道路上几十年，由于你自己的热情，对自己一生有了比你原地不动更好的，甚至给世界留下痕迹的交代，这才是重要的"。

第一部分 "相信自己,敢于尝试"

> "我后来一做培训机构,这件事情我觉得我要做它一辈子,因为我觉得做这件事情很兴奋。所以你会发现,人就是这样的,从小的东西做起,思路要正确,要步步为营。"

在很多创业者看来,选择高科技的创业项目,不仅有利于迅速做大规模,同时可以赢得政府的认可。

俞敏洪告诫这样的创业者:做什么事情都是从小事做起的,不要着急。

在俞敏洪看来,创业是一种思维逻辑,不能跳跃,否则就是空中楼阁。俞敏洪解释说:

> 创新创业是一个民族的转型,也是一个民族的未来。我认为,可以从中小学起就进行创新创业教育。

俞敏洪回顾了自己上大学时曾遭遇的挫折。在大学期间,俞敏洪曾因为患上肺结核病,不得不休学一年。在这一年时间里,俞敏洪精读了300余本图书,背下了包括朗文字典在内等大部头图书,因此成了"中国英文单词量最大的人"之一。

尽管几十年时间过去了,俞敏洪依然自豪地说道:"向着一个目标努力,你常常会超越自己最初设定的目标。"

俞敏洪的告诫不仅适合初创的创业者,同样适用于拥有一定规模的创业者。俞敏洪的建议是有其依据的,在创业过程中,项目的选择决定创业成败。俞敏洪回忆道:

> 我后来一做培训机构,这件事情我觉得我要做它一辈子,因为我觉得做这件事情很兴奋。所以你会发现,人就是这样的,从小的东西做起,思路要正确,要步步为营。

可能很多创业者觉得,做一个培训机构太没有技术含量了。其实,这样的思维过于短视,因为任何一个项目的选择,必须是建立在客户的真正利益基础上的。为此,俞敏洪告诫广大创业者:

> 首先,追求的事业要符合社会发展方向,这样的事业未来才会有空间;其次,符合客户真正利益;最后,要做符合自己兴趣理想爱好的事情,就是自己的事业选择能不能让自己兴奋,并且愿意相伴一生。

俞敏洪的建议是,在创业的过程中,创业者选择高科技作为创业方向也是一个正确的决策。从某种程度上说,高科技

第一部分 "相信自己,敢于尝试"

是创业者成功创业的一个重要突破口,也是创业企业创新的一个重要手段,甚至高科技可能成为创业者创业成败的关键。

举个例子:

> 在深圳巨龙科技公司(以下简称巨龙科技),不管是老板,还是员工,对巨龙科技的评价是:巨龙科技已经站在了世界生化产品的最前沿。
>
> 这主要是巨龙科技研发出了一款产品——血清快速分析膜。该产品是巨龙科技先期投入600万元与南京一所大学共同开发的高科技产品。
>
> 使用血清快速分析膜这款产品,可以快速便捷地测试血清样本数据。在当时,拥有血清快速分析膜这种产品成熟技术的国家只有美国,不过在美国市场,该产品的价格要比巨龙科技产品的预期价格高出4倍。
>
> 这意味着,巨龙科技将在国内拥有垄断性的技术和潜在的巨大蓝海市场,这也让巨龙科技的老板和员工充满了无比美好的憧憬。在他们看来,只要南京某大学研发成功,巨龙科技的销售人员就可以凭借该产品获得巨额的销售收入。
>
> 当血清快速分析膜的产品研发进入最后的测试阶段时,巨龙科技为了加快开发进度,再次注入400万元资金。

在研发资金到位的情况下,血清快速分析膜的产品研发很快就取得了突破性进展。在实验室的数百次实验中,这种石墨与高分子材料契合的分析膜实验效果很好,其性能让巨龙科技的老板相当满意。

当这样的好消息传回巨龙科技,公司老板制定了更加雄伟的战略计划,盘算如何在最短的时间内布局国内市场。此刻,巨龙科技在血清快速分析膜这个产品上的投资已经达到1000万元。

当血清快速分析膜研发完成,一直待命的公司销售人员满怀信心地将产品交给医院试用。巨龙科技得到的反馈信息是,国内所有的医院对这款产品颇感兴趣。

然而,让巨龙科技的老板没有想到的是,血清快速分析膜产品的试用结果非常不理想。医院在试用的过程中,多数不具备实验室的完备条件,而且巨龙科技的产品实效期短,对存放环境要求很高,稍有变化,高分子膜发生变异,分析数据会与真实结果产生较大的出入,从而导致医院对产品的兴趣锐减,市场亮起红灯。销售人员纷纷折戟而归,在领完当月的工资后被告知,巨龙科技即日关门。①

---

① 于斐:《如果企业的产品不能盈利,就是悲剧!》,《世界经理人论坛》2018年9月30日。

第一部分 "相信自己,敢于尝试"

在中国创业史上,像深圳巨龙科技公司这样轰然倒塌的企业不在少数。

事实上,深圳巨龙科技公司的产品选择,本身并无过错,只是在高科技领域,产品研发的成败几乎关系企业的生死存亡。巨龙科技在过分相信技术的同时,忽略了市场因素,毕竟实验阶段的成功并不代表产品的真正成熟,一个在理论上几近完美的产品在市场上可能彻底崩溃。这个项目的合作,对于大学而言,或许可以获得有价值的东西,而对于巨龙科技来说,1000万元的投入是以产品的完败而告终。[①]

[①] 于斐:《如果企业的产品不能盈利,就是悲剧!》,《世界经理人论坛》2018年9月30日。

第二部分
创业,光有热情远远不够

一个人真正的成功,要有配合的背景基础,所以我现在特别害怕我们的创业者,什么都没想好,大学还没毕业就开始创业。当然,我不是说大学没有毕业就不能创业,比尔·盖茨和乔布斯都是大学没有毕业就创业,还有脸谱网(Facebook)的扎克伯格,他也是大学没有毕业就创业了。我想说的是,任何一个创业者,你必须做好充分的准备以后,创业成功的可能性才会比较大。

——新东方创始人　俞敏洪

> "任何一个创业者,你必须做好充分的准备以后,创业成功的可能性才会比较大。"

走出"体制"自己创业后,俞敏洪的舞台更加广阔。多年后,俞敏洪曾说,如果自己这辈子不创业的话,必然是一件非常遗憾的事情。为此,俞敏洪"砸"了自己的"铁饭碗",成为中国的一名创业者。

在"大众创业,万众创新"的两创时代,俞敏洪认为,只有把"创业"和"创新"放在一起,才可能创业成功。为此,俞敏洪说:

> 把"创业"和"创新"放在一起,是一个特别有意思的现象,而且是一个特别好的现象,因为我们创业就必须跟创新的人在一起……创新有两个概念:第一,通过创业,创新我们自己的生命;第二,通过创新来改变原来某种比较传统落后、低效的现象,包括公司结构、商业模式、某种制度。

可能读者会问,到底什么是创新呢?所谓创新,指针对现有的思维模式,以提出有别于常规的见解为导向,利用现有的知识在特定的环境中,为满足社会需求改进或创造新的事物、方法、元素、路径、环境,同时能够得到一定有益效果的行为。

"创新"一词起源于拉丁语,原包含三层含义:第一,更新;第二,创造新的东西;第三,改变。见图1。

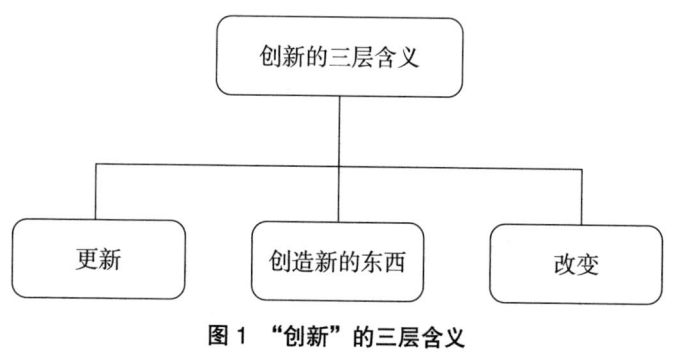

图1 "创新"的三层含义

为了把这三层含义有机地集于一身,苹果创始人史蒂夫·乔布斯做了很多尝试。这些尝试给企业界带来的影响却是史无前例的。苹果公司推出的产品,从内到外被赋予"颠覆人性"的创新。

为此,学者郭晓峰在《苹果悬念:创新精神还能延续吗?》一文中分析指出:每一个苹果产品的到来都让世人翘首以盼。在过去十几年里,它一直站在科技与艺术的交叉点上,创造出一个又一个深得消费者喜爱和认可的产品,如iPod、iPhone和iPad。人们可以不远万里来到另一个国度只为目睹它的问世;可以不吃饭、不睡觉半夜排队只为拥有它,这就是苹果创新的魅力所致。

第二部分 创业,光有热情远远不够

在郭晓峰看来,苹果的产品好评如潮的原因就是创新。在 2015 年面市的 iPhone 6S 产品,用户的好评不断。在用户看来,iPhone 6S 是苹果手机史上最薄的手机。

一项网络民意调查显示,只有 36.56% 的用户表示不再购买 iPhone 6S,而高达 62.54% 的用户明确表示会购买 iPhone 6S。

面对如此情形,业内人士认为,iPhone 6S 的创新仍在引领潮流,昔日的光环并未褪去,依旧是那个"苹果"。

关于创新,俞敏洪有自己的观点。俞敏洪举例说:

> 现在大家都在弘扬合伙人制度,这个制度的讨论来自一部电影——《中国合伙人》。这部电影很火,但是中间所有制度变革以及人与人之间,包括合伙人之间关系问题,都不会像电影里描述的那么浪漫。

俞敏洪解释道:

> 所谓创业并不一定说你一个人做,你可以和一群人一起做,可以变成创业队伍中间一员、变成创业队伍中间的引导者。这根据你当时当地的机会,根据你的个性以及根据你加入时的状态。

基于此,对于创业者来说,创业不是凭着满腔热血就能够做成的。俞敏洪举例说：

> 汉高祖刘邦其实是一个没有太大创业热情的人，因为他在当时是一个亭长，相当于现在的镇长，县里面的管理干部都是他的好朋友，没事喝喝酒、聊聊天。他觉得，没有必要造反。但是，刘邦反而成功了。

可能读者会问，这到底是为什么呢？俞敏洪回答了这个问题：

> 这其中包含一个重要的创业观点，一个人真正的成功，要有配合的背景基础，所以我现在特别害怕我们的创业者，什么都没想好，大学还没毕业就开始创业。当然，我不是说大学没有毕业就不能创业，比尔·盖茨和乔布斯都是大学没有毕业就创业，还有 Facebook 的扎克伯格，他也是大学没有毕业就创业了。我想说的是，任何一个创业者，你必须做好充分的准备以后，创业成功的可能性才会比较大。

当然，要想创业成功，创业者到底需要准备些什么呢？俞敏洪回答道：

第二部分 创业,光有热情远远不够

我们刚才讲到大学生没毕业就成功创业的,在中国要少一些,美国要多一些。因为美国的社会机制比我们更加简单。一个人有了一个好的想法、好的项目,尤其是好的技术以后,你只要继续做就可以了。当你组建团队时,每个团队的成员都知道自己的角色是什么,到底什么该做。然而,中国的大学生创业者组建团队时,每个人都想当老板。

> "如果没有准备好,只是说看到别人创业了自己随便去干一干,因为你没有明确的理念,没有想好未来公司怎么做,没有考虑团队怎么建,那么就很容易失败了。"

在第43期"林夕阁互联网知名人物"采访中,主持人杨旭涛以"现在很多年轻人,刚毕业就想开始自己的创业之路,显得太过浮躁,没有一个好的定位就匆匆上路,对于这样的情况,您是怎么看的?对于这样的人,您能给予一些建议吗?"的问题采访了俞敏洪。

面对这样的问题,俞敏洪认为,应该给想创业的年轻人以鼓励,因为任何人有创业的想法和创业的思想,说明他想要有创造性地生活,或者想未来有更大的人生舞台,这是值得鼓励的。对此,俞敏洪说:

> 在这个前提之下,创业想要取得更大的成功,必须做好几方面的准备:
>
> 第一,心理准备。因为创业不像找一份工作,找一份工作,工作不好,辞退了再找另外的工作可能只需要一天的时间。但是,创业是需要投入的,投入时间、精

力、金钱财富，要是最后创业不成功，有可能会输得很惨，变得一无所有。在我看来，即使输了，大家还是能够承受的，因为底线就是不把命丢了，第一次失败了，也可以从头再来。

第二，能力准备。能力准备包括了自己工作的经验或者是自己创业领域的专业知识，同时要考虑到自己的领导能力，考虑到创业是跟着别人一起呢还是自己一个人先做。

第三，团队准备。因为任何创业都不是一个人做起来的，一个人可以起一个头，但是未来要把事情做好，就需要一群人来做。这样就涉及怎么带领团队和团队合作，怎么使团队持续不断的有热情一起来做事情等问题。

在俞敏洪看来，只有把这三个方面准备好以后，创业才算具备了前提条件。俞敏洪解释说：

如果没有准备好，只是说看到别人创业了自己随便去干一干，因为你没有明确的理念，没有想好未来公司怎么做，没有考虑团队怎么建，那么就很容易失败了。失败多了以后就有后遗症，以后再创业就没有了自信，就像谈恋爱，谈了好几次都失败以后再去谈，内心就会产生恐惧。所以，希望一开始就为创业做好准备以后再来做事情。

基于此，俞敏洪告诫创业者：

> 回过来说创业的时候，我最怕碰到什么呢？最怕碰到我们这些热血青年，拿一个项目计划书，什么都没准备好，既没有人生经历，也没有创业经验，最后就说"俞老师你给我钱吧，给我钱就开始创业"。这当然是中国创新创业发展的一个现象，但是更加重要的是很多人都没有想清楚创业到底要干什么。

在众多的创业者中，其中一部分人因为准备不足而匆忙创业，结果不是巨额亏损，就是草草关张。为此，俞敏洪举例说：

> 我们再回到刘邦这个话题，刘邦为什么会成功？
> 第一，他有足够的社会经验和背景。因为他本身就是个小官僚，他知道中国古代的官僚体系到底是怎么回事，他知道如果一件事情要做起来的话，搭建人才结构和搭建组织结构的重要性。在当时的造反派，远远不止刘邦和项羽两个人。只有刘邦是在最开始就着手搭建人才结构和组织结构，并把这个结构搭建得非常好。

第二部分 创业,光有热情远远不够

第二,刘邦知道什么人应该用在什么地方,他从来没有乱用人,每一个人都用得非常到位。

第三,刘邦用的这些人帮他搭建了一个很好的创业团队。

第四,国家还没有成立的时候,刘邦的组织结构就已经搭建起来了。

在俞敏洪看来,刘邦的胜利,不仅是刘邦个人的胜利,更是创业团队的胜利。究其原因,在创业过程中,很多创业者由于匆忙创业,结果诸事都是虎头蛇尾,焉能不败?作为创始人,搭建团队只是创业准备的一方面而已。

在历朝的开创者看来,人才始终是决定其胜负的关键。因此,这些开创者既重视人才的培养,也进行拉拢,尽可能让其加盟。所以,在中国妇孺皆知的楚汉战争中,最终以善于招揽人才的刘邦集团的胜利而宣告结束。

西汉初年,天下大势已定。作为刘氏集团创始人的汉高祖刘邦,特地在洛阳南宫举行盛大宴会答谢鞠躬尽瘁的群臣。当刘邦喝了几轮酒后,一时兴起,便向群臣提出一个问题:"我为什么会取得汉帝国的胜利?而项羽为什么会失败呢?"

既然问题提出来了,自然由群臣来回答。高起、王陵认为,刘氏集团的胜利,主要归功于汉高祖刘邦分派有才能的人攻占城池与战略要地,同时给立大功的人加官奉爵,比如,韩信虽不姓刘，却得到分封。项氏集团的失败，主要的问题在项羽：项羽有贤人不用，立功不授奖，贤人遭疑惑，失败是必然的。

想当初，韩信曾追随过项羽。一心想有所作为的韩信，加盟项羽集团后，可谓是明珠暗投，始终得不到施展自我的舞台。不得已，壮志未酬的韩信委身在刘邦集团门下，在萧何的极力推荐下，韩信的军事才能终于显露出来，最终功成名就，助力刘邦打下大汉帝国的江山。可能读者会问，韩信如此军事奇才为什么得不到项羽的器重，而只有萧何的慧眼识珠呢，理由有如下几点。

第一，项羽出身于贵族家庭，对来自布衣家庭的韩信有天生的优越感，甚至不屑韩信这个出生卑微的将士。众所周知，韩信出生在底层，家境较为困难，甚至需要邻居的帮衬才能勉强地生活。

当韩信的母亲去世后，韩信辗转加盟项梁集团。在当时，韩信仅仅是一个无名小卒。即使是项梁死后，韩信也没有得到重用，新老板项羽只是让韩信担任郎中一职，依旧没有采纳韩信的诸多建设性意见。

第二，在秦末时期，虽然社会动荡，由于项羽自身的影响力和号召力，团队的战将较多，韩信的才能被打压，很难发挥。

相比项羽，出生卑微的刘邦，团队里可用的战将就少得

第二部分　创业，光有热情远远不够

不能再少了，那些贵族出生的战将压根就瞧不上刘邦，甚至不屑与刘邦为伍。

按照这样的逻辑，效命刘邦的战将几乎都是底层人民，在无能人可用的背景下，加上创业合伙人萧何的极力举荐，刘邦也暂时给予韩信一个不太重要的职位。

在当时，刘邦跟项羽一样，仅仅只是想随意给韩信一个官职。在萧何的举荐下，甚至建议刘邦，要像任命大将军那样任命韩信，否则韩信将离开。

不得已，刘邦勉强地接受了萧何的建议，在一个"黄道吉日"里，正式授命韩信为大将军。事实证明，韩信的确是一个难得的军事奇才，为刘邦击败项羽立下了汗马之功。

刘邦也认为，自己取胜的最重要原因就善于用人。刘邦对群臣说：

> 夫运筹策帷帐之中，决胜于千里之外，吾不如子房。镇国家，抚百姓，给馈饷，不绝粮道，吾不如萧何。连百万之军，战必胜，攻必取，吾不如韩信。此三者，皆人杰也，吾能用之，此吾所以取天下也。项羽有一范增而不能用，此其所以为我擒也。①

---

① 〔汉〕司马迁：《史记》，中华书局1982年版。

刘邦的观点很有代表性。项羽的失败给创业者的启示是，作为创业者，尽管项羽力大无穷，但是也不要妄想一手遮天，各尽其能才是管理的最高境界。正如刘邦所言："夫运筹帷幄之中，决胜于千里之外，吾不如子房。"

可能读者会问，萧何是如何成为刘邦的铁粉的呢？答案就是故事。为了让合伙人死心塌地加盟和跟随，作为汉帝国创建者的刘邦讲了一个好的故事，这个故事就是"斩蛇"。为此，史学家司马迁在《史记·高祖本纪》中记载道：

> 高祖以亭长为县送徒骊山，徒多道亡。自度比至皆亡之，到丰西泽中，止饮，夜乃解纵所送徒。曰："公等皆去！吾亦从此逝矣！"徒中壮士愿从者十馀人。高祖被酒，夜径泽中，令一人行前。行前者还报曰："前有大蛇当径，愿还。"高祖醉，曰："壮士行，何畏！"乃前，拔剑击斩蛇。蛇遂分为两，径开。
>
> 行数里，醉，因卧。后人来至蛇所，有一老妪夜哭。人问何哭，妪曰："人杀吾子，故哭之。"人曰："妪子何为见杀？"妪曰："吾子，白帝子也，化为蛇，当道，今为赤帝子斩之，故哭。"人乃以妪为不诚，欲笞之，妪因忽不见。后人至，高祖觉。后人告高祖，高祖乃心独喜，自负。诸从者日益畏之。
>
> 秦始皇帝常曰"东南有天子气"，于是因东游以厌

之。高祖即自疑,亡匿,隐于芒、砀山泽岩石之间。吕后与人俱求,常得之。高祖怪问之。吕后曰:"季所居上,常有云气,故从往常得季。"高祖心喜。沛中子弟或闻之,多欲附者矣。①

这个故事,突出的是刘邦的帝王命。当刘邦放走修骊山帝王陵的徒役后,有人汇报说:"前方有一条大蟒蛇挡在路中间,我们还是回去吧。"刘邦由于喝了不少酒,趁着酒劲说道:"大丈夫独步天下,有什么害怕的!"于是,刘邦就走到前面去,一剑把白蟒从正中间斩为两段。

刘邦斩断白蛇后又走了几里地,醉得厉害,倒下就睡着了。队伍中走在后面的人来到斩蛇的地方,看见一个老妇在路边放声啼哭,便问她为什么这样伤心。老妇说:"我儿子被人杀了,所以痛哭。"问她儿子为什么被杀,她说:"我儿子是白帝子,变成蛇横在路上,现在被赤帝子杀了,所以我很伤心。"

人们以为她胡说八道、散布谣言,想打她,这个老妇却突然不见了。后面的人赶到前面,刘邦才醒过来,并得知了这一情况。刘邦心里很高兴,心生自豪感,跟随他的人也越来越敬畏他。

---

① 〔汉〕司马迁:《史记》,中华书局1982年版。

刘邦的成功给创业者的启示是，对于任何一个企业，都有一个精彩的品牌故事，而这个故事才是人才追随的关键。

在中国企业家中，华为创始人任正非异常低调，但是很会讲故事。从创业初始到行业领导者，任正非通过故事领导力的思维——坚持"以客户为中心"，坚持"奋斗者为本"，吸引了合作者的加盟，得到经销商的认可。

在代理产品的过程中，任正非意识到，由于没有自己的产品、没有自主研发，缺乏备件，一旦出现技术故障，华为的优质服务就很难进行，所谓为客户提供优质服务就不过是一句"空话"。当时的任正非已深刻感受到产品、客户、订单、公司的现金流、公司的命运都卡在别人手上的痛苦。摆在华为面前的，是极度的交换机稀缺和国内设备提供商的空白。

在当时，对于那些因国家信贷政策收缩造成资金链濒临断裂的代理商而言，无疑不会冒更多的资金风险研制交换机。这是改革开放后中国早期企业家做代理获得第一桶金的诸多故事之一，即使在当下也是大有机会的。在当年IT产业中，除华为外，总部位于北京的联想，也开始了自己的"贸易"之路。不过，有所不同的是，华为在做代理有了初步积累后，果断地放弃代理，最终走向自主研发和自主生产之路。在当时，不仅仅是任正非，众多代理商也想自主研发，但是没有技术，也没有人才。一个现实的问题摆在任正非面前，华为到底从哪里开始入手？

第二部分 创业，光有热情远远不够

当时，邮电部下面好几个国营单位已经生产34口和48口的单位用交换机。面对竞争者，任正非不得不曲线拓展，采取采购散件的方式自行组装交换机供应市场，同时建立华为的品牌。在初创的两年时间里，华为已经建立了全国范围内的销售网络。

1989年，任正非启动低价策略，其产品是24口小交换机。正如任正非预想的，低价策略奏效了，华为的高性价比得到市场的认可，很多经销商倾巢而出并支付大量的定金。面对火爆的销售场面，任正非必须解决准时供货的问题。由于24口小交换机的市场前景实在太好，以至华为采购不到相关的散件，导致对很多经销商无货可发，即使支付了散件订金，仍然出现无货可发的局面。

为了维护华为好不容易积累的信誉，1990年，任正非经过慎重考虑后决定，自行开发一款名叫BH01产品的全部软件和电路。

其实，作为华为第一款自身品牌的产品——BH01，也不过是一款从国营单位购买散件自行组装的产品。华为先将BH01相关的散件采购回来，再做包装，撰写产品说明书，其后以华为的品牌开始推广，由华为代理商进行销售。

相关资料显示，BH01仅仅是一款24口的用户交换机，属于低端产品，市场需求很受限制，只能在小型的医院、矿山等单位使用。与同行不同的是，华为坚持打自己的品牌，慢慢地把自己的优质服务注入产品功能、外观中。

拥有自己的品牌，就不用像做别人的代理那样，还需要花钱购买代理权，甚至需要提前半年以上支付订金订货。当华为的品牌打造好后，还可以在全国发展自己的代理商，收取代理费，这无疑缓解了华为现金流紧张的状况。

对于华为来说，购买散件，需要向厂家提供更大量的订单。订购整交换机通常可以一台一台地预订，预订散件需要至少几十件起订，这就要求华为拥有更强的周转资金和市场销售渠道的能力。而且由于供散件的厂家自己也在销售产品，华为的散件供货往往得不到保障。出乎意料的是，由于服务好，销售价格较低，华为的第一款产品（BH01）供不应求。华为采购的散件也被断了货源，收了客户的货款，却没有货可发。

1990年，面对大量订单，华为被"逼上梁山"，必须在最短的时间内突破自主研发，实现自己控制生产，控制产品，否则客户追上门来要货或者要退款，就会面临现金断流及关门的危险。1990年，华为公司由莫军任项目经理，开始按照BH01产品的电路和软件，进行自主知识产权的电路设计和软件开发。为了给客户以型号有延续性的印象，华为将该产品的型号命名为BH03，也是从24口开始做。对比BH01，尽管BH03功能与之差不多，但是机壳更为漂亮，而且BH03产品的每块电路板和话务台软件都由华为自主研发。

当时，华为组了一个六人小组来研发BH03这一项目，软硬件都要负责。在研发过程中，六人小组不仅要设计电路板，编写全部软件程序，同时还要对整机进行调试。

由于缺乏最基础的研发环境，甚至连最基本的测试设备也没有，六人小组不得不通过艰苦奋斗来解决问题。例如，但凡在外面加工的电路板，必须进行人工检查。虽然该电路板有焊点上千个，六人小组也要逐一检查，不敢有丝毫懈怠。他们通过放大镜将焊点放大，一个一个地目测其焊点有无虚焊、漏焊或连焊。又如，在检测交换机的性能时，在缺乏自动测试设备的背景下，六人小组就用一个简单的土办法——通过话机一项一项地对此进行测试。当测试遇到大话务量时，任正非就动员华为的全部人员，让每个人拿出两部话机的听筒进行相关测试。再如，为了交付8台价值100万元的BH03交换机，华为工程师们更是一台一台地进行调试，其后有针对性地修改，再进行测试。当测试顺利通过了，再贴上标签完成整体包装，最后出货。

在接近一年的研发和试制后，华为成功地自主研发出型号为BH03的交换机，顺利通过了邮电部的验收，取得了邮电部颁发的入网许可证。

任正非事后回忆：华为当时不仅使用了自己所有的利润来投资这一研发，而且把客户预订交换机的钱也都投了进去。如果到1991年这一产品还不能供应市场的话，华为就会破产了。

任正非和华为是幸运的，BH03交换机得到了客户的认可，这大大激发了任正非和华为对研发投入的热情。作为华为的第一款严格意义上自主研发产品，BH03虽然仅仅是一台能够带24门分机的小总机，但是激发了任正非研发和生产利润更大的能够带更大量分机的大型交换机的意愿。

当时，华为只能通过代理交换机获得利润，但是任正非已经不满足代理了。在任正非看来，只有引进专业人才，才能从根本上解决问题。

为了解决这个问题，任正非主动联系华中科技大学、清华大学等高校，邀请这些学校的教授带着该校师生来华为参观，一方面可以解决研发过程中遇到的诸多难题，另一方面还可以尽可能地促成技术合作。

其后，任正非接待了来自华中科技大学的一位教授和他的研究生学生郭平。此次参观为华为后来的发展开启了一个新的征程。

当时的郭平刚刚从华中科技大学研究生毕业，按照当时的分配，他将留在华中科技大学当老师。参观华为后，年轻的郭平被华为的创业文化所吸引，尤其是任正非的远大抱负。敢想敢干的郭平毅然放弃了在华中科技大学当老师的工作，加盟华为。

在华为，郭平得到任正非的重用，任正非委任郭平为华为第二款自主研发产品的项目经理。在郭平的领导下，华为研发出了 HJD48 小型模拟空分式用户交换机，该产品是一台机可以带 48 个用户的新产品。为了让产品具有延续性，刚开始该产品叫 BH03U，将原来莫军负责研发的 BH03 产品更名 BH03K。

郭平加盟华为后，作为华为自主研发产品的负责人，也为华中科技大学的优秀人才做了一个榜样。在郭平的游说下，他的同学郑宝用也加盟华为。

据了解，从华中科技大学本科和硕士毕业后，郑宝用留在华中科技大学当老师。1989 年，郑宝用刚考上清华大学博士不久，参观华为后，也被任正非的理想和抱负所打动，由此留在华为，再也没回清华大学读书。

郑宝用的加盟，加快了华为自主产品的研发和生产。刚开始时，郑宝用在郭平领导的项目组里研发 HJD48 产品，经过一段时间的研发，郑宝用的才华脱颖而出，顺利地成为 HJD48 产品软硬件的研发主力。

HJD48 产品研发结束后，郑宝用得到任正非的重用。任正非任命郑宝用为华为副总经理兼第一位总工，负责华为产品的战略规划和新产品研发。

在华为这个平台上，郑宝用的才华迅速得到充分的施展。在郑宝用的带领下，华为迅速研发了 HJD48 小型模拟空分式用户交换机。该产品在技术上取得新突破，一台交换机可以带 48 个用户，该交换机中的一块板就可以带 8 个用户，比起此前华为BH01、BH03两款产品，这款交换机大大提高了产品的集成度。

该技术提升就意味着，产品的容量得到提升，大幅降低了交换机的成本。正因为如此，质优价廉的HJD48小型模拟空分式用户交换机得到用户的广泛好评。

1991年，郑宝用主导开发华为新产品——HJD-04 500门用户机。该产品采用光电电路和高集成器件，其效率更高，一台交换机就可以带500个用户。

在郑宝用的带领下，华为成功地研发出多型号用户交换机——100门、200门、400门、500门等系列化产品。1992年，多款产品给华为带来年总产值超过1亿元、总利税超过1000万元的销售业绩。

究其原因，任何一个创业企业之所以能够九死一生地活下来，关键就是他们在卖文化，而不是产品。

其实，这样的观点不难理解。不管经营何种性质的企业，那些品牌企业都有独特的企业文化，没有企业文化不足以形成品牌，也不足以形成用户（顾客）对该品牌应有的执着、热爱和痴迷。

在创业中，诸多困难都是难以预料的，所以，充分的准备才是提升创业成功概率的关键。为此，俞敏洪坦言：

有一个典型例子——凡客，其实我还是其中股东。

我觉得他们的口号、宣传做得非常好。在上升期的时候，我对这个公司是绝对看好的。但是，凡客犯了一个严重的错误，为了投资人的愿望、为了上市，拼命讲究公司要有更大的收获。我当时都买凡客，凡客以前应该卖跟青年时尚相关的所有东西，但是因为组织架构的问题，最后就崩盘了，就没有了监控，所有东西都开始卖。直到有一天，创始人陈年走到库房里，发现什么都卖了，发现不对了，等到发现不对却已经回不来了。

> "创业不是说说就能成功,很多创业者做到一半就没有了,原因是创业者本身就没有做好准备,不是切入的项目不好。"

俞敏洪认为,如果每一件事情都那么容易干成,那么天下就没有难事了。在谈及"楚汉战争"时,俞敏洪进行剖析后坦言:

> 那项羽为什么失败?项羽犯了两个错误:第一,他认为自己是全天下最优秀的人才,项羽手下是没有谋士、没有将领的,他们全给气跑了;第二,项羽认为自己只要下一个指令就行了,没有一点组织结构概念。所以,他打下了整个秦帝国以后,只做了一件事情,就是分封。他自己都没有想过要造一个帝国,他想着衣锦还乡,他完全不听任何人的意见和建议,最后的结果就是兵败。

在俞敏洪看来,项羽本质上没有构建承载所有业务的组织结构和平台。俞敏洪告诫创业者:

> 创业不是说说就能成功,很多创业者做到一半就没

第二部分 创业,光有热情远远不够

有了,原因是创业者本身就没有做好准备,不是切入的项目不好。

在俞敏洪看来,创业者仅仅凭借自己短暂的创业热情显然是不可能创业成功的。很多时候,创业者会遭遇诸多的创业瓶颈,加上创业者忽略了创业需要的诸多准备,最终导致创业失败。这样的悲剧令人惋惜。

对此,俞敏洪认为,盲目创业的风险有三点。

第一,选择的创业项目缺乏潜力。

许多创业者由于是冲动创业,缺少创业经验,对创业项目的选择较为盲目,尤其在选择创业项目前没有进行分析和市场调研,仅仅凭借自己的一时兴起或者兴趣选择创业项目,没有考量该创业项目是否真正拥有潜在的商业前景和巨大的市场空间。

第二,缺乏资源。

创业过程,其实是创业者不断地将资源循环再利用的过程。一般来说,成功创业者创业的优势往往是拥有良好的人脉和极强的表达能力,以及讲故事的能力。与成功创业者相比,一些失败的创业者,不仅缺乏广泛的人脉关系,甚至连讲故事的能力都欠缺。

第三,缺乏专业技能。

在很多失败的创业者中,总是存在眼高手低的现象。这部分创业者往往只是纸上谈兵,一旦创业,特别是在产品研发过程中,其专业操作方面往往存在诸多难题。从这个角度来看,专业技能的缺乏是导致创业者创业失败的一个因素。因此,创业者只有具备专业技能,了解诸多行业信息等,才能具备解决问题的能力。

从以上可以看出,创业者如果准备得不够充分,盲目创业的话,不仅要面临诸多风险,而且在创业过程中可能还会遇到意想不到的危机,应对不好,就很容易导致创业失败,这样的案例举不胜举。

2011年10月,张源租了一套四室一厅的房子作为办公室。其间,张源采购了所需仪器、物料,赶制样品。

张源的战略很清晰——主攻一个大客户(客户老板张达徕是张源曾经的领导,且关系要好)。在创业之前,张达徕曾承诺,会把所有订单都给张源。于是,张源就义无反顾地辞职创业了。

从2011年10月开始,张源紧张地赶制出了十几种产品规格,样品达到50多个。张源自信地认为,张达徕与自己是朋友,关系要好,且采购员孟旭也是他以前的同事,还承诺给孟旭回扣,并当场支付给孟旭2000元定金。

2011年10月底,孟旭称,张源提交的样品已经通过测试,让张源尽快解决厂房、装修、做拉、招工人等事情。张源按照孟旭的要求进行安排,可是一直等到2011年11月底,还不见孟旭下单。

着急的张源打电话给孟旭,孟旭说自己已经辞职了。不得已,张源只好打电话给张达徕,张达徕的回复是,张源送去的样品还没有进行测试。

此刻的张源彻底蒙了,30多个工人的吃住、工资,及厂房租金等这些开销十分巨大。

尽管形势非常不利,但是作为老板的张源还是相对比较镇定,他询问张达徕:"样品通过测试,可以下单吗?"得到张达徕的肯定回答后,骑虎难下的张源还是咬紧牙关,决定一边寻找新的订单,一边待测试结果。

由于张源之前是从事技术管理工作的,不懂业务,尽管艰难地谈下了订单,但是几乎都是一些二手、三手的加工单,利润微薄。

为了赶制订单,员工加班加点,所得利润不够其正常开销,而且加工单又多又乱。2012年4—6月,张源一直亏损经营。

张源有时也反思过,这样亏损下去,自己将无钱折腾。不过张源没有选择关厂,而是一直对张达徕心存侥幸。

截至2012年7月,张源已亏损了近20万元,手中资金已所剩无几。

值得欣慰的是，2012年8月，张源得到一批订单，9月底收回了一笔货款，尽管只有两万多元，这又让张源看到了希望。

不过，工厂依然在亏损。更让张源尴尬的是，要账的供货商整天在厂里不走，等着拿钱……

可能有读者会问，充分准备创业就没风险了吗？当然不是。对于任何一个创业者来说，充分准备只能让风险相对比较低，更重要的是不会造成巨大损失。

从上述案例中可以看出，主人公张源的创业毫无准备、过于草率，再加上其自身缺乏创业经验，而且对创业后出现的种种困难估计不足，最终结果就是一直在亏损。对此，张源告诫创业者：我对创业感触最深的是，计划没有变化快，世事无常，要冷静、从容，把握好自己。千万不能盲目和盲从创业，否则，创业之路将无比艰辛。

从张源的话中不难得知，盲目的创业不仅成功的概率极低，而且会因为准备不足而看不到希望，最终只能选择放弃。

张源的盲目创业案例希望能给初创业者一点警醒。但是，在创业热潮席卷中国大地的今天，像本案例中那样盲目创业的创业者比比皆是。在中国目前的创业大环境下，每天都有许多创业者正在重复着相同的创业失败故事。

第二部分 创业,光有热情远远不够

在这些创业失败的故事中,盲目创业占据的比例是非常高的。如前所述,在众多创业者中,特别是那些失败的创业者中,他们往往只是有一个不错的主意或者想法,就匆忙创业,连最起码的创业准备都没有,创业失败也就在情理之中。

当然,创业者不要盲目创业并不等于"万事俱备,只欠东风",这样只会让创业者畏首畏尾,对创业充满恐惧。一项调查显示,国内众多的创业企业,每100家企业中只有20家到30家可以熬过1年,而熬过3年的企业只占这其中的30%;至于如今流行的大学生创业,其创业失败概率更是高达99%。企业从无到有,创业者需要做好资金分配与调度、人才招募、营销策略制定、管理控制,以及面对来自竞争和市场的变化。任何一个环节出现问题,对于脆弱的创业企业而言都是致命的。

对此,俞敏洪在很多公开场合建议创业者:

> 生活中,人们常常把冲动误作勇敢。冲动往往是缺乏目标与规划的盲动,而勇敢是为了梦想而深思熟虑的行动……一个人要创业时首先要弄清楚自己是因一时冲动而导致的盲动,还是有明确目标且有合理规划的行动。其次要预判风险,最重要的就是要具备把控风险的能力……不要盲目地鼓励创业,但是我认为应该支持创业,我认为人生一辈子不创一次业一定是一个遗憾。

从俞敏洪的话语中可以得到，年轻人在创业之前，需要搞清楚自己为什么要创业，不能盲目冲动。此外，当创业者拥有一定的职业经验和商业运营经验、一定的资金、客户资源，以及可预期的商业模式后，再创业，那样失败的概率就会大大降低。

在创业中，精心的创业准备是创业成功的一个重要前提。对此，北京德翰创业管理咨询公司合伙人王东晖强调：创业失败故事往往源于盲目，创业前的准备是很重要的。创业者在创业前需要明确地知道自己的核心竞争力在哪里，是技术、产品、服务、人脉资源，还是资金实力、政府关系，等等。如果上述资源中在所在的领域具有一定的优势，创业初期就比较容易生存下来。

第二部分 创业,光有热情远远不够

> "真正伟大的创业项目有个特征——创始人本身无比喜欢这件事情,是因为喜欢这件事情才要去做这件事情。"

在很多公开场合,俞敏洪多次告诫创业者,兴趣可以提升创业成功的概率。在创业的过程中,因为创业是很沉重和艰苦的,如果创业者所选的项目不是自己喜欢或者有兴趣做的,那么创业者放弃的概率非常大。

《牛津管理评论》中《打破中小企业 2.9 年寿命的"魔咒"》一文提到,关于"中国民营企业能活多久"这一问题的数字近年来在不断萎缩,2002 年这一数字为 5.7 年,2005 年为 3.5 年,而最新的数字是 2.9 年。这些数字本身无法说明问题,因为根据企业生命周期来看,创立 3 年的企业尚未度过多灾多难的童年时期。

鉴于此,如果在创业初期,创业者做的事情不是自己喜欢或者有兴趣做的事,那么这些创业企业的生命周期注定不能超过 3 年。因此,俞敏洪告诫创业者:

大家知道从 2015 年初开始到现在,中国拿到风险投资的公司至少 5000 家,已经倒闭的大概有 3000 多家,我投的公司也有好几家倒闭。后来我分析这些倒闭公司的特征，很多情况下不仅仅是商业模式的问题，更多的是创始人本身没有做好准备，导致最后不可收拾的局面。

对此，俞敏洪得出结论：

> 真正伟大的创业项目有个特征——创始人本身无比喜欢这件事情，是因为喜欢这件事情才要去做这件事情。

在俞敏洪看来，要想提高创业成功的概率，创业者必须选择自己感兴趣的行业，一旦创业者对所选行业没有兴趣，就算市场潜力巨大，就算将所有的精力、资金投入其中，由于创业热情的逐渐下降，到最后也会彻底放弃当初所选的行业。

对于俞敏洪来说，做教育是他一生的愿望和兴趣。俞敏洪在中央电视台《赢在中国》栏目评点时强调：

> 人生的奋斗目标不要太大，认准了一件事情，投入兴趣与热情坚持去做，你就会成功。

当新东方2006年赴美成功上市后，俞敏洪的身价高达数亿美元。此刻，俞敏洪接受媒体采访时却不是介绍新东方的上市，而是自己的人生梦想。俞敏洪说：

第二部分　创业，光有热情远远不够

> 办一所非营利性的私立大学，让农村孩子也能接受一流的大学教育，这是我今后最想做的事。

在接受媒体采访时，俞敏洪介绍了自己的计划——学校的校址选在北京，占地约500亩，硬件投入预估8亿元。

按照俞敏洪的初步规划，该大学最多可招收5000名本科生，以经济、法律、商学、哲学、宗教等专业为主，招生的对象主要面向农村孩子。俞敏洪说：

> 我不打算怎么收学费，主要靠资助、捐款和勤工俭学帮助学生完成学业……这个大学主要靠企业家捐钱，他们的名字会被刻在墙上。当然，我首先要把钱捐出来。

兴办大学的初衷，源于俞敏洪自己的人生经历。据俞敏洪介绍，自己出身农家、曾睡在猪圈旁，早有创办一所学校以改变农家子弟命运的想法。

俞敏洪敢于兴办大学，源于他得天独厚的优势。俞敏洪说：

> 在中国，一般是搞教育的没钱，有钱的不搞教育，我刚好既有钱又有教育的思想……我可以召集中国一流的教授、思想家来学校。

俞敏洪坦言，新东方早年曾遭遇创业困境，但现在已经克服困境，拥有充裕的现金流来支持自己建立一所非营利性的私立大学，"你的生命会因此变得很充实，而一旦充实，危机就消失了"。对此，俞敏洪说：

> 坚定不移地做着始终想做的事情，而且坚定不移地坚持自己的生活方式……做教育是我一生的愿望和兴趣。

关于教育，俞敏洪直言，自己想要构建的大学校名，甚至不会用"新东方大学"，目的就是与新东方的商业运作模式区分开。俞敏洪说："这个大学不在新东方的产品线内，它完全是我的个人梦想，希望不急不躁慢慢地做下去。"

其实，俞敏洪的观点非常有代表性。百度创始人李彦宏在接受媒体采访时谈道：

> 想想这十几年以来，我自己生命当中，经常说的就是认准了就去做，不跟风，不动摇，同时对自己要有清晰的判断。一个人应该做自己最擅长的事情，同时也做自己最喜欢的事情，这样的话，做成的概率会很大。因为只有擅长的事情，才能做得比别人好；只有这个事情是自己喜欢的，才有可能在碰到强大的对手的时候，仍然要坚持，在遇到极其困难条件情况下，仍然不会放弃。

第二部分 创业，光有热情远远不够

在有非常大的诱惑的条件下，仍然会坚持，就是跟自己喜欢非常有关系。我经常也说，一个人要做自己最喜欢的事情，要做自己最擅长的事情。

从李彦宏的话中不难得到，要想成功创业，创业者就一定要按兴趣去做，一定要干自己喜欢的事情。

在优秀青年企业家创新创业讲座上，一位大学生向携程旅行网创始人沈南鹏、美特斯邦威集团董事长兼总裁周成建咨询：我想创业，第一步该怎么做？

携程旅行网创始人沈南鹏回答说："不要为了赚钱或比酷而创业，只有抱着兴趣去创业，才能坚持到底，因为兴趣是创业最好的动力。"

沈南鹏告诫提问的大学生，不要看现在的创业成功者都风光无限，其实，创业的过程非常艰苦，尤其在创业初期，不仅需要筹集创业资金，还会面临各种诱惑。

沈南鹏说："比如，你在为一笔贷款辛苦奔波时，会发现朋友因炒股票很轻易地赚了大钱。这时候，你会不会放弃创业？"

沈南鹏，这个曾经在美国华尔街投资银行工作过的创业者，以自己的经历告诉提问的大学生，不要为了财富而创业。谈及创业，沈南鹏从来就没有后悔放弃投行的令人光鲜的体面工作，因为创业给沈南鹏带来了过去从来不曾有的精神财富。

沈南鹏指出,"创业者只有凭借兴趣和激情,怀着打造百年老店的目标,才能在五光十色的诱惑中不为所动,并最终因坚持而成功"。

在该创新创业讲座上,作为美特斯邦威集团董事长兼总裁周成建同样用自身经历提醒提问的同学。

周成建坦言,自己的创业路是从一名小裁缝开始的。在一次完成服装订单时,周成建不小心剪错了衣服。面对委托方要求的巨额赔偿,周成建发挥自己设计服装的优势,将衣服样式稍做改动,新式样却让对方非常满意。

而此次事件成为周成建的一个转折点。周成建不仅代工,而且向服装设计转型,此后成功创办了美特斯邦威集团,因此成为中国休闲服饰业的领军人物。[1]

周成建说:"因为我的兴趣就是服装设计,所以我没有放弃,而是努力去解开这个'结'。"

不管是俞敏洪、百度创始人李彦宏、携程旅行网创始人沈南鹏,还是美特斯邦威集团董事长兼总裁周成建,他们用自身的创业经历告诉即将创业或正在创业的人:兴趣,是创业起步的动力源泉。

当创业项目与自己的兴趣结合后,俞敏洪还告诫创业者:

---

[1] 孟知行:《三位上海优秀企业家寄语青年创业者——兴趣是创业最好的动力》,《解放日报》2007年6月30日。

第二部分 创业，光有热情远远不够

最后我想说，作为一个创业者，你真想创业的话，打造自己比打造任何东西都更加重要。打造自己要打造两个方面：

第一，打造自己的领导能力。这个领导能力包括带团队的能力，包括商业模式转型的能力、跟政府和市场合作的能力，这都非常重要。如果把新东方交给20年前的我，我做两天就会把新东方"做黄"了，但是我今天做新东方觉得还是比较驾轻就熟的，因为我的能力随着公司发展上升了。

第二，打造你的团队。就像刘邦打造他的团队一样，非常重要。只有把团队打造起来了，每个人都去做自己该做的事情，最后你的团队加起来由一个手指头变成一个拳头，甚至变成10个拳头，才能把市场这个事业做出来。

对于那些盲目创业的人，俞敏洪不止一次告诫他们，一旦盲目地创业，无疑会增加创业的风险，降低创业成功的概率。

俞敏洪的告诫，实际上是要求创业者在创业之前必须深思熟虑，这样才能更好地提高创业成功的概率。在俞敏洪看来，创业不仅要有敏锐的眼光，还要结合自身的兴趣和爱好，选择喜欢的行业和项目，这样创业者才会有动力。

事实上，每个创业者，肯定都有自己的爱好和一技之长。一旦创业者选择了自己不喜欢的行业作为创业领域，那么创业成功的可能性无疑就很小。相反，如果创业者选择了自己感兴趣和爱好的行业，不仅提高创业成功的概率，而且会事倍功半。

毋庸置疑，兴趣也能变成一份事业，只要创业者坚持自己的信念，就会守得云开见月明。创业，有时候真的就这么简单。

第二部分 创业，光有热情远远不够

> **"做任何事情一定不要贪大，要做到小而精、小而美。"**

在传统的工业时代，企业凭借规模就可以天下无敌。然而，互联网+改变了这样的格局，这意味着互联网+是一个里程碑，具有重要意义：它宣告了靠规模、靠速度制胜时代的结束。

对此，美国企业史学家艾尔弗雷德·D.钱德勒尽管没有明确提出企业边界的概念，但是他从大量实证材料的研究中发现，最终决定企业边界的是效率。因此，艾尔弗雷德·D.钱德勒告诫企业家：当企业规模边界的扩张不能产生效率时，企业应停止扩张活动。

与艾尔弗雷德·D.钱德勒有着类似看法的俞敏洪，在很多场合下也同样告诫创业者：

> 想可以想得宽阔，但是做事情一定要从小而美入手。然后是做事情一定要不断和成功者或有经验的人去探讨，因为这些过来人对你会有方向上的帮助。只要方向正确了，事情做长久就有可能。

俞敏洪的解释是：

> 做任何事情一定不要贪大，要做到小而精、小而美，否则创业者可能因此遭遇创业失败。

与之相反的是，很多创业者一直崇尚规模制胜。对此，俞敏洪说："要专注现在、关注未来，不要现在没做好，就开始探讨未来的模式。"

众所周知，规模制胜是很多欧美国家偏好的一种战略模式。不可否认，规模战略在某一个阶段对于企业的发展是有利的，但是如果觉得放之四海而皆准，那么你的企业可能就距离倒闭不远了。

在2008年金融危机发生后，扩大内需消费成为拉动中国经济的一驾马车。面对中国13多亿人口的市场，一些中小企业纷纷扩大规模，似乎都想抢占这一潜力巨大的市场。过去某些品牌企业曾犯过的错误，一些中小企业正在重蹈覆辙。

在这些中小企业老板看来，13多亿人口的市场足可以大展宏图，因此不问市场，也不做足够的调查，就买地买设备，大规模扩充产能。殊不知，这样做可能会使中小企业面临发展隐患，甚至有可能使产品市场陷入疲软。

从企业内部来看，盲目扩大规模，容易使企业陷入追求数量而忽视质量的误区，低水平重复建设，效率低下。而且，基础不稳固的高速度发展是无法持久的,如果企业扩大规模超出了自身的管控能力,肯定会出大娄子。甚至,表面上规模很大,实际资产却很差,面临种种潜在风险。①

潍坊亚星化学股份有限公司(以下简称亚星化学)生产的氯化聚乙烯(CPE),曾经具有世界第一的规模。然而,规模并没有给亚星化学带来"第一"的效应。相反,其主营业务连续多年亏损。为了挽救亚星化学的命运,大股东不得不转让手中半数亚星化学的股权,引进新股东。

2012年9月3日,亚星化学宣布:公司将引入新的股东。亚星集团与山东省盐业集团有限公司签署《股份转让协议》,大股东亚星集团将其持有上市公司35%股权中的17.5%(5523万股)以每股5.12元、总价款约2.83亿元的价格转让给山东省国资委独资企业山东省盐业集团有限公司。转让完成后,亚星集团与山东省盐业集团均为公司大股东。而这背后是亚星化学巨大的财务黑洞与亚星集团疯狂的资金占用。

根据亚星化学公开的报表显示,在2011年底,亚星化学流动资产相对于流动负债的缺口高达9.4亿元;2012

---

① 弘毅:《中国汽车产业需要主动放慢脚步》,《经济参考报》2014年4月23日。

年上半年末,这一数额上升至11.5亿元。此前,在2012年6月18日,证监会对亚星化学与亚星集团逾13亿元的直接非经营性资金往来以及15亿元的间接性经营往来未入账等行为做出处罚决定。①

在其显露败象前,亚星化学可是行业内当之无愧的规模霸主。

亚星化学在2001年上市时,就拥有生产氯化聚乙烯2.5万吨、聚氯乙烯(PVC)2.5万吨、烧碱5万吨的产能。而在这些产能中,亚星化学生产的氯化聚乙烯的规模已经位居亚洲第一、世界第二。

在市场占有率上,亚星化学拥有中国市场40%以上的份额,排名第一;拥有国际市场18%以上的份额,排名第二。

当亚星化学上市后,募集资金逾7亿元。这就为亚星化学扩大规模提供了充足的资金。2003年,亚星化学年产5万吨氯化聚乙烯项目竣工后,产能突破了7万吨,由此登上了世界第一规模的宝座。

从此,在规模扩张的道路上,亚星化学一直在疾驰。至2005年,亚星化学年产氯化聚乙烯的产能达到11万吨。到了2008年,产能更是增至17万吨,傲视全球。

---

① 朱剑平、王春:《亚星化学山东海龙陨落 大股东"抽血"不断》,《上海证券报》2012年9月25日。

然而，规模的急剧扩张并没有给亚星化学带来效益的增加，相反还影响了其年利润，导致利润逐年下滑，当初的盈利预测也成了"水中月、镜中花"。

当2003年首次扩大规模，随着氯化聚乙烯产能成为世界第一时，亚星化学的净利润达到5270万元。不过，2003年的利润恰恰是亚星化学盈利的顶峰。在此后的2004至2011年的8年间，亚星化学的销售收入由9.9亿元增至21.1亿元，而净利润则从3969万元一路下滑至2009年的−1.16亿元；2010年虽盈利1919万元，其中却有1.12亿元的政府补助；2011年，公司再报5433万元亏损。

与之相应，公司CPE毛利率2002年为23.7%，2003年下滑至19.14%，至2010年"沦落"到区区0.53%。而造成CPE毛利率下降的，正是公司的无序扩张。最能说明问题的是：2011年，由于公司老厂区搬迁，产量下降，国内CPE供应降低，其毛利率一下反弹至12.39%。[①]

当中小企业发展到一定的规模，要想使中小企业做强做大，就必须按照企业的实际情况，稳步发展，绝不能盲目扩大规模。如果中小企业老板盲目地扩大规模，必然会犯很多错

---

① 朱剑平、王春：《亚星化学山东海龙陨落 大股东"抽血"不断》，《上海证券报》2012年9月25日。

误,而这些错误就会导致企业遭遇重大经营困难。

在很多论坛上,一些创业者都表示要将创业企业做大做强,似乎只有将规模做大了,才可能做强。其实,这样的观点存在偏颇。

在日本,创办于公元578年、现存世上最古老的家族企业——金刚组,只不过是一家日本建筑公司,主营寺庙建设,规模不大,却拥有1440多年的历史。而粟津温泉饭店同样历经千年,其规模只有100套房间,能容纳450人入住。

从上述日本的两家规模很小的家族企业可以看出,规模不是做大做强的唯一手段。可以说,如果盲目追求规模,不仅不能做大做强,相反还会使企业遭遇经营困难。对此,业内专家表示,规模效益并不是简单地扩大规模就能增加效益,其根本原因是增加企业自身的规模,降低产品成本,提高产品在市场上的竞争力。

就氯化聚乙烯而言,亚星化学虽占据了全球市场主要份额,却没有定价权,因为:一是该行业进入门槛不高,二是该产品价格如超出一定水平,就会被别的产品替代。如果产品竞争力不强,却盲目扩张,必然带来行业内企业的非理性拼杀,最终是规模越大受害越深。[①]

其实,像亚星化学这样启动规模扩张引擎的企业不在少

---

① 朱剑平、王春:《亚星化学山东海龙陨落 大股东"抽血"不断》,《上海证券报》2012年9月25日。

数。纵观中国的企业谱不难发现，许多企业在初创阶段发展都非常迅速，也都非常稳健，但是，一旦企业发展到了一定规模之后，创业者就常常开始"昏头"。

北京华夏圣文管理咨询公司还因此为中国的初创企业做过一个调查，得出一个让人非常惊诧的结论，那就是有93.25%的创业者在取得第一桶金之后，会快速启动几个不关联的、5—10个比以前更大的项目，妄图以此推动初创企业的发展，最终现金链断裂，使初创企业面临全面崩溃，从而成为媒体"遗憾"的对象。

在这里，要告诫创业者的是，当企业发展到一定规模之后，创业者必须克服浮躁和急功近利的心态，否则即便取得一时利润，创业者所经营的企业也不可能走得太远。

可能读者会问，既然盲目扩大规模会导致企业倒闭，作为创业者，如何才能避免盲目扩大规模呢？方法有如下几个。

（1）慎重上马新的投资项目。当企业发展到一定规模后，创业者在投资项目时，就必须慎重，不能盲目跟风，而是根据企业实际情况，稳步扩张企业规模。

（2）调研必须充分，尽可能掌握足够多的信息。当企业发展到一定规模后，创业者在投资项目时，调研必须充分，尽可能掌握足够多的信息。在此基础之上，就能够对新项目的投资回报、投资风险等进行正确评估，确保投资成功概率。

（3）资金充裕，财务结构安排恰当。事实证明，再好的新项目一旦没有充足的资金支持，也只能是无源之水、无本之木。因此，创业者上马新投资项目会同时对资金规模和资金结构产生新的需求。所以，当企业发展到一定规模后，在投资项目时，需要准备充裕的资金和进行恰当的财务结构安排。

第三部分
创业成败取决于创业者的态度

在创业道路上遇到最多的就是失败和艰难险阻，遇到的是各种各样的社会变革、颠覆、创新，不管是科技的创新还是商业模式的创新，事实上面对的是自己成功之后所遇见的新困难，或者是由于没有调整好战略而导致失败的局面。

——新东方创始人　俞敏洪

第三部分 创业成败取决于创业者的态度

"创业不要盲目,更勿'一哄而上'。"

创业作为一个热门的话题,作为娃哈哈创始人的宗庆后也经常被问及。宗庆后忧虑的是,目前年轻人都去互联网上创业,"大家一哄而上,然后大家一哄而下,肯定不会全部成功"。

对于创业,俞敏洪也有类似观点。对此,俞敏洪说:

> 青年的创新意识意味着国家的创新能力,但青年人创业不要盲目,更勿"一哄而上"。万众创新需从教育突破。

在俞敏洪看来,创业必须理性,不能一哄而上。当谈及年轻创业者的创业与创新时,俞敏洪介绍道:

> 作为投资人,很希望看到年轻人拿来的项目有模式创新、商业创新、科技创新,以及思维突破,但坦率地说,看到的95%的创业项目没有创新,大多都在进行模仿拷贝。

俞敏洪举例称,几年前,团购网站一夜爆红,后来又迅速从几千家淘汰至几家,这个实例就是"一哄而上"、互相模仿导致失败的典型。

俞敏洪断言,"一哄而上"、互相模仿的创业者自然不会走得太远。因此,对于每一个创业者来说,创业就是修行,但凡能够成功者,都是几经挫折,甚至百折不挠。这样的现状在近几年也未改变。

公开报道显示,在过去的2017年,"共享经济"成为创业圈最火的创业项目。由于创业成功的概率较低,无疑在初创企业中,尤其是共享经济的创业项目中,其"阵亡"的企业占比是较高的。

这样的创业现状使历经一年多爆发式增长后的共享单车、共享充电宝等共享经济项目不得不在2017年底开始踩急刹车,很多创业企业都沦为倒闭重灾区。

在这波倒闭浪潮下,不管是腾讯、真格投资的风口项目,还是背靠巨头的"嫡系",抑或拿到四轮融资的明星项目,或者曾月入1亿多元的盈利项目最终都没有逃脱变卖资产、破产清算的悲惨结局。

在"2017年创业死亡榜"上,搜狐社区经营的时间最长——1999年成立,在2017年4月20日最终停止服务;最短的可能是2017年6月13日倒闭的悟空单车和成立仅仅两月的优库速购。

从"2017年创业死亡榜"中我们不难看到,死亡的企业

第三部分 创业成败取决于创业者的态度

几乎大半是与"共享经济"有关的创业项目,这从侧面表明,当"共享经济"的风吹起时,成千上万的企业跟风入局,却因为自己的急功近利或者快速扩张而陷入困境。

例如,悟空单车创始人雷厚义曾反思说:

> 对于小公司而言,共享单车行业很残酷,头部集中效应太严重,资金集中,资源集中,比如供应链资源、媒体资源。摩拜和ofo等形成了巨大黑洞,后起的单车品牌成长空间并不大,只能做一些小城市。然而,如果做不大,你也就没有存在的意义。

在雷厚义看来,悟空单车失败的教训有如下几点:

> 第一,不要盲目追风;第二,项目一定要能盈利;第三,要有相应基因,比如做共享单车,要有供应链的人加入,各个环节都自己做,问题非常大;第四,小公司还是适合小切口,形成独特价值。

肯定地说,雷厚义的反思还是极具参考价值的,因为在如今资本、技术、人才等多种因素影响下,要想把企业打造成为"独角兽"企业,必须学会讲好故事,让更多的人加盟,只有这样,才能根本上解决资本、技术、人才等问题。

在共享经济中,摩拜单车就是一个脱颖而出的企业,其创始人胡玮炜坚守自己的初心,把共享单车的故事讲得绘声绘色,说服不同的合伙人加盟,让摩拜单车一路过关斩将,最终获得一轮又一轮的资本注入。

的确,自从摩拜单车赢得资本的青睐后,创始人胡玮炜就与摩拜单车捆绑在一起。

基于此,在各种场合,胡玮炜更像是摩拜的代言人。在媒体记者的眼中,创始人胡玮炜不仅是"独角兽美女创始人",还是"失败就当作公益"的创业者……

在媒体的头条,胡玮炜总是话题不断,她就是一个自带流量的创业者。当然,这与创始人胡玮炜自身有关。在公开场合的演讲或接受媒体采访时,胡玮炜的感性远胜过企业家的刚性。在媒体记者看来,胡玮炜更愿意谈论她的创业历程、对城市交通的憧憬、摩拜的情怀和新科技。

这些都是媒体记者愿意看到的。因为,媒体从对胡玮炜的采访中看到了她是如何从履历平凡的媒体人摇身一变成为百亿项目创始人;看到了胡玮炜作为创始人在谈论理想和愿景时,与内部高管的利益冲突;看到了在摩拜的快速扩张中,理想主义抵不过资本的力量,占有36.12%股份的最大股东胡玮炜最终失去对摩拜实际控制权的无奈。

第三部分 创业成败取决于创业者的态度

这一切，还得从 2014 年的某天说起。2014 年 11 月的某晚，在一次私人聚会上，蔚来汽车创始人、投资人李斌与胡玮炜聊天说道："做个随处都能借的自行车，借完了随处停，手机扫码开车锁，骑一次手机上付一块钱。"

听到这个想法，胡玮炜感叹道："这个想法太牛了，有一种被击中的感觉。"胡玮炜当即决定要和同在现场的汽车设计师陈腾蛟一起把这个商业想法落地。

这场头脑风暴激发了各位在场创业者的商业想象，即使是 Mobike（摩拜）这个企业名字，也是当时李斌一气呵成所起的。

之所以叫"摩拜"，是因为李斌把英文 mobile 和 bike 拼读起来，就是中文"膜拜"的谐音。

理想很丰满，但是现实很骨感。当"摩拜"遭遇瓶颈后，当初的合伙人就有人开始退出了。

2014 年底，创业合伙人陈腾蛟带着一个设计团队退出了摩拜。在陈腾蛟看来，该项目实在太难了。原因是在创业半年后，摩拜单车的模型依旧没有设计出来。

2015 年初，创始人胡玮炜打电话给原福特汽车亚太区产品规划和开发经理夏一平，其后又约见了李斌。

在面谈中，胡玮炜提到的"共享单车"，打动了原来打算做"共享汽车"的夏一平。就这样，夏一平加盟了摩拜单车，并担任 CTO 一职。

此后，汽车专业出身的王超和前摩托罗拉的工程师杨众杰，虽然对摩拜单车产品不了解，但是被创始人胡玮炜讲述的故事所感染，毅然加盟摩拜单车，分别负责摩拜单车的设计和摩拜智能锁设计。

据《智族GQ》报道，王超在摩拜单车的设计上，可谓是呕心沥血，花费的功夫甚至比经营自己公司还要多。究其原因，打动王超的，是创始人胡玮炜的淡泊名利。在王超看来，这正是极客真正向往、创业圈少有的创业者。

为了让共享单车落地，王超设计的摩拜单车，使用的是实心轮胎、无链子，单车的外表耐磨，且不容易磨损。如此设计符合胡玮炜四年不用维修的初衷。

尽管如此设计非常超前，却面临没有工厂能够代工生产的窘状。2016年初，在工程师徐洪军的建议下，胡玮炜与摩拜CEO王晓峰不得不一起寻找工厂、购买设备，甚至招聘工人自建生产线。

据胡玮炜介绍，摩拜单车项目从想法萌生、资本投入、产品设计到投入量产，其每一个环节都有比创始人胡玮炜更为关键的人物。

胡玮炜自称，她在这串串珍珠中只是起到了一个讲好共享单车，以及把这些人物"忽悠"入局、串联起来的那根绳子的作用。

虽如此，胡玮炜是幸运的。在创立之初，摩拜单车就获得李斌146万元的天使投资，2015年10月完成A轮数百万美元的融资，投资方为愉悦资本。

此刻，摩拜单车依旧被卡在投入量产的坎上。愉悦资本创始人刘二海认为，有李斌的背书，投资摩拜单车自然不会错。

摩拜单车融资成功后，天使投资人李斌盛情邀请王晓峰加盟。王晓峰"空降"到摩拜单车担任CEO，成为摩拜单车"联合创始人"，由此获得20%的股份。

据天眼查公开的信息显示，摩拜单车注册资本为500万元，胡玮炜出资180.6万元，占36.12%；除了初创时投入146.25万元的李斌占29.25%，后期加入的CEO王晓峰和联合创始人兼CTO夏一平各占20%和14.63%，见图2。

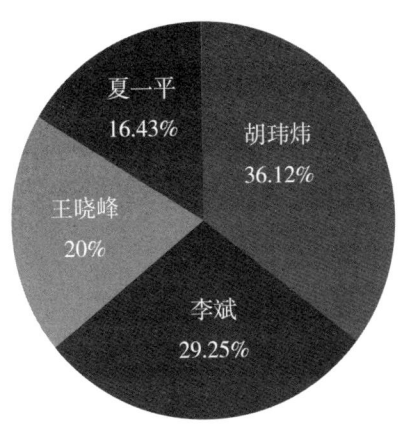

图2　摩拜单车原始团队持股比例

与格力电器董事长董明珠类似的是，摩拜单车创始人胡玮炜亲自上阵,虽然胡玮炜没有董明珠的强势和霸气,但是胡玮炜贴着"女文青""80后美女创始人"的标签,成为名副其实的摩拜单车代言人。

不管是董明珠,还是胡玮炜,她们都深知,一个讲故事的好手不仅可以提升企业自身的形象,同时可以提升用户的忠诚度。

基于此,与多数人善于陈述商业模式不同,作为媒体人出身的胡玮炜更擅长讲创业故事。在"一席"现场演讲中,胡玮炜直言:"如果失败了,就当作公益。"因为胡玮炜知道,创业成功的概率很低。正因为如此,胡玮炜的观点得到众媒体的广泛传播,它打动的不仅仅是用户,同时也有投资人。

对于商业模式,胡玮炜坦言:"商业模式不一定非要找,不论是对社会还是对个人,只要做的事情非常有意义,非常有价值就可以。"有一个好的故事的胡玮炜,最终赢得了多轮融资,见表1。

表1 摩拜单车的融资

时间	轮次	金额	投资方
2015年10月	A轮	数百万美元	愉悦资本
2016年8月	B轮	数千万美元	熊猫资本、愉悦资本、创新工场
2016年8月	B+轮	数千万美元	创新工场、祥峰投资
2016年9月	C轮	1亿美元	红杉资本、高瓴投资

第三部分 创业成败取决于创业者的态度

续表

时间	轮次	金额	投资方
2016年10月	C+轮	—	高瓴投资、华平投资、腾讯、红杉资本、启明创投、贝塔斯曼
2017年1月	D轮	2.15亿美元	腾讯、华平投资、携程、华住、TPG德太资本、红杉资本、启明创投、预约资本
2017年1月	战略投资	—	富士康
2017年1月	股权投资	—	淡马锡、高瓴投资

截至2017年2月,摩拜单车的融资总额接近4亿美元,其估值过百亿。此刻,摩拜单车就是一个名副其实的"独角兽"。

身披"独角兽"光环的胡玮炜,以她个人形象代表摩拜单车出现在更多公开场合。2017年1月13日,胡玮炜与另外6位不同专业、领域的专家和企业家受邀参加总理主持的座谈会;2017年3月11日,参与央视《朗读者》录制……

在图2中,尽管胡玮炜持有摩拜单车最多的股份,但是李斌和王晓峰两人的股份加起来则远超胡玮炜。一旦双方在战略问题上发生分歧时,手握众多资源、一手扶持王晓峰的李斌,无疑将在摩拜单车的股权架构中占得更大的话语权。因此,胡玮炜失去实际控制权也在情理之中。

据《第一财经》报道，2018年4月3日晚21点，摩拜单车股东大会在北京嘉里中心举行；两个小时后，股东们一致做出决定，美团以27亿美元收购摩拜单车。

2018年4月4日凌晨1点40分，摩拜单车创始人兼总裁胡玮炜在朋友圈中写道："大家都更喜欢戏剧性，然而我更愿意积极看待一切。谢谢所有人把我们捧到改变世界的高度，也谢谢大家对摩拜的重新审视。并不存在所谓的'出局'，在我看来一切是新的开始。很多人都把摩拜单车看成是出行工具，实际上我一直说它是'美好的生活方式'，回归到简单，本质，健康绿色，不过分追求物质。live better也是美团的愿景，这一点上我们有巨大想象空间的。"

在胡玮炜看来，自己已经努力争取过了，只不过无法改变这样的事实。与其如此，还不如接受已经发生的现实。在股东投票前，胡玮炜与创始人兼CEO王晓峰仍极力地游说股东不要支持此次收购。

对于一个"很轴"的女创业者来讲，反对并购是毋庸置疑的，因为这关乎她的故事，以及她的创业情怀。

回顾当初，据胡玮炜介绍，创立摩拜时，胡玮炜想得更多的是"美好的生活方式"，让人们在城市的出行中更轻松，而不仅仅只是财务自由。

时间回到2017年3月29日，在北京希尔顿酒店举

第三部分 创业成败取决于创业者的态度

办的发布会上,身穿黑色体恤、黑色牛仔裤,脚蹬一双新百伦运动鞋的胡玮炜,款款地走上台前,高调地宣布,摩拜单车全面地接入微信平台。

至于"为什么只有摩拜能够成为 No.1 全面接入小程序",胡玮炜的回答很有趣:"因为摩拜是智能共享单车。"

不过,让胡玮炜没有想到的是,当摩拜单车全面地接入微信平台的同时,摩拜单车也只能接受腾讯的投资就已经注定。

2017 年 6 月,腾讯领投了摩拜单车的 E 轮融资,融资金额高达 6 亿美元。其后,胡玮炜不管情愿还是不情愿,摩拜单车都已经被紧紧地绑在了腾讯的战车上,以至于一轮又一轮的融资,将胡玮炜和摩拜单车推向了"改变世界的高度",却带来一个胡玮炜不愿看到的事实——胡玮炜无法左右自己创建的公司的未来,以及创业初心。因为故事虽好,但是讲故事的人已经被资本所裹挟。

> "创业不要盲目，不要为了创业而创业，需要等到确实有个好想法，好的商业模式。"

"目前基于移动互联的创业也特别火热，但多数项目也是在没有差距的互相模仿，这意味着这些创业者的出发点不是基于创新能力。"俞敏洪告诫创业者说。

俞敏洪细数世界闻名的创业成功案例："比尔·盖茨的微软、乔布斯的苹果、脸谱网（Facebook）等都是创业者先有自己的创新想法，后将之付诸实施，最后取得成功的，谷歌创始人的创业灵感也来自其在实验室的创新性实验。"

尽管如此，俞敏洪仍告诫创业者：创业不要盲目，不要为了创业而创业，需要等到确实有个好想法，好的商业模式……当然，现在一批投资人的存在，也会为创业者把好第一道关。

对于一哄而上的大学生创业，俞敏洪的态度很明确——"不反对、不鼓励"。俞敏洪告诫创业者说：

对于要不要鼓励大学生创业，我认为要理性看待。人一辈子如果没有一次创业经历的话是一件非常遗憾的事情，但现在的情况是，面对大学生就业难的问题，大

第三部分 创业成败取决于创业者的态度

家就拼命鼓励在校大学生都去创业,这实际上是有问题的。现在的孩子多数都是独生子女,人与人之间的相处能力,对于行业的了解、容忍度等都不成熟,在面对创业环境时,大学生的人生经验还不够。

在俞敏洪看来,由于大学生缺乏创业经验及社会经验,尤其是对某些创业项目的行业不够了解,可能由此降低其创业成功的可能性。对此,俞敏洪以美国大学生的创业案例为例,提醒大学生创业者:

> 我研究了很多国家的教育体制,除了美国以外,没有发现一个像这样充分就业、充分鼓励创业的国家,他们在大学的时候就鼓励每个大学生自己去开公司。我们常常一讲创业就说到比尔·盖茨,为什么呢?因为他大学都没有上完,在自己的车库里就研究出了微软,但这样的人毕竟是天才,这样的天才在全世界是可以数得出来的。

对此,俞敏洪直言,大学生在大学期间或者大学一毕业就去创业将带来几个不利因素:

> 鼓励大学生在大学期间或者大学一毕业就去创业,

带来了几个不利因素。第一就是对大学教育的冲击。因为大学是一个学生面对社会现实、认真研究并且学习的地方,而现在中国的大学中流行着这样一种风气,就是学生在大学一、二年级开始就想着怎么样做生意,忘掉了大学四年应该认真学习,把自己的底蕴变厚。

关于大学生创业,鼓励学生创业这样一个概念其实带来了一种问题,就是大学四年学生到底应该在大学里学什么。如果大学生要学创业的话,请问大学里有几个老师是自己曾经创业的,请问有几个老师能够解答学生在创业中遇到的困难?现在就变成了我们这样的企业家被老师拽过去给大学生讲创业。我每次第一讲就是泼凉水,请大家不要一毕业就创业,除非你是比尔·盖茨。

在俞敏洪看来,作为大学生,应该先学习积累,然后再创业,这样的创业成功概率更大一些。

俞敏洪解释说:"不反对是因为不能挡住大学生创业这条路,不鼓励的原因是担心大家一鼓励就一哄而上。"

俞敏洪强调,自己不反对大学生创业,但是大学生创业的前提是,创业要基于大学生人格的成熟、思想的成熟和对事情思考的成熟,因此,可以不反对大学生创业,但大学期间对学生以上三种成熟的培养是非常重要的。

当"大众创业,万众创新"的浪潮到来时,浩浩荡荡的中国创业大军不断壮大,特别是当代的大学生首当其冲。然而,在这些创业群体中,成千上万的大学生创业失败。对于此,俞敏洪更是直言,导致这部分创业者失败的直接原因就是没掌握方向,盲目创业。

俞敏洪告诫创业者:

> 创业失败会给学生带来心态上的问题。创业的学生大部分都会失败,我看到的成功的例子非常少。失败以后,会出现一个问题,就是大学生通常不会反思自己,重新静下心来认真琢磨怎么积累经验再次创业,而是会怨社会,觉得中国社会太黑暗,太不公平,认为这个社会的资源集中在少数人手里……但是还有一个问题,他怨人心,比如他创业的时候一般要跟几个同学一起做,通常做着做着就打架了,最后的结果是,他不会总结自己作为领导人或者作为团队领袖自己凝聚团队的能力不够,往往把问题归结在跟他一起创业的团队的懒惰、贪婪、不合作,从此以后对人失去信心。

俞敏洪忧虑的是,"一个年轻人一旦对社会失去信心、对人失去信心以后,他未来振作的机会不会有多少。稍微研究一下就会发现有这样一批人在社会上,大学生毕业直接创业,创业失败了,从此以后就变成了很难描述的一种人群,对未来既没有信心，又不愿意去工作了。所以我认为大学生毕业应该先工作，甚至是在你父母的单位工作，因为现在很多父母本身就是创业的，比如我的孩子长大了，我就希望他到我这里来实习，我言传身教，告诉他怎么样面对各种困难，对社会对人保持信心。他可以积累经验，观察老板是怎样干活的，怎样跟同事打交道，学会如何在人群中间，尤其在利益和权力的人群社会中间，怎样让自己在一帮人中变成领袖，变成大家很服气的人"。

在俞敏洪看来，创业是一门重大课程，想成功创业，一定要做好各方面的准备，而不是盲目闯荡。由此可以看出，俞敏洪是不赞成大学生因为就业难而盲目创业的。

第三部分 创业成败取决于创业者的态度

"创业这件事情要做成,就是关注四个人。"

2016年1月20日,俞敏洪在"一起开始"创业本色年会发表主题演讲称,由于2015年创业热潮兴起,以至于每个人都在创业。

俞敏洪由此断言,2016年的中国创业必然会经历一次寒冬,将会有60%到70%的创业公司死亡。其后的事实,证明了俞敏洪的判断。

在俞敏洪看来,这不过是正常的优胜劣汰,但是留下来的公司就会慢慢有活力,以此带动下一波的创业浪潮。

对于任何一个创业者来说,创业失败的概率极大,但是作为失败者,再创业也未必就一定能成功。俞敏洪说:"失败以后再创业并不必然能成功,但失败后并不等于再失败,不然世界上就没有马云了。在如今分享的时代,可以通过个人能力的分享和聚集,形成新的商业模式和新的商业途径。"

在俞敏洪看来,对于任何一个创业者来说,要想成功,就需要关注四种人。俞敏洪说过,今天我认为创业这件事情要做成,就是关注四个人。第一个人就是我们面对的客户,第二个人就是创始人,第三个就是合伙人,第四个就是投资人。把这四个人照顾好了以后,创业一定会取得成功。

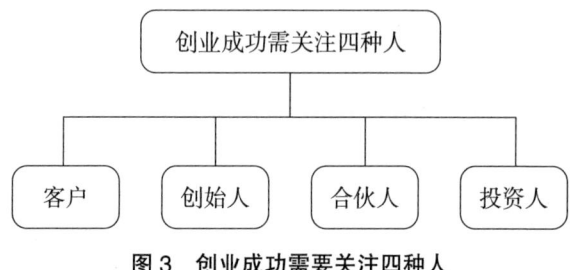

图3　创业成功需要关注四种人

第一种人是客户，即创业者必须深刻了解客户内心真正的需求。在当下的中国移动互联网时代，用户在选择产品时，由于拥有太多的选择，甚至因为其选择太多而不知道该如何选择。例如，各类电子商务网站琳琅满目的产品，层出不穷的手机App……因此，360创始人周鸿祎直言："任何一个用户都会在网络上不断地进行切换和刷新。"

基于此，作为产品经理，尤其是创业者，必须想清楚"乱花渐欲迷人眼"的产品格局，想清楚"用户到底凭什么选中你的产品，并为之买单"这个问题，否则设计和研发的产品因为不符合需求而得不到用户认可，最终功败垂成。

对此，周鸿祎在公开讲话中告诫产品经理，尤其是创业者：（对于）这个话题，我不得不提到人性。一个好的产品，往往能够反映人性中最本质的需求，换言之，不符合人性的需求都是伪需求。

对于如何了解客户内心真正的需求，俞敏洪用自身的创业经历解释：

第三部分 创业成败取决于创业者的态度

大家都会说，客户不是现实存在吗？我们稍微想一下，刚才王岑所说得那么多的O2O项目，还是一公里项目，这很像是你谈恋爱的时候，如果对方心里根本就没有你，你买多少钱的东西、送多少礼物都不管用。如果说对方心里有你的话，你不用理他，他就来找你了。而我们现在还不能按照大公司的打法去烧钱。

我一直认为互联网本身不等于商业模式。你打造互联网本身这么一个概念来说它是商业模式，这是不对的。因为互联网的出现只是带来了新的商业模式的契机，可以进行客户重组，可以在原来传统的市场中看到一个新的市场，可以把新的市场和传统市场结合，也可能产生出原来完全没有注意到，或者完全不可能的客户新需求，每一个需求配合都是有逻辑的。

过去的一年多，无数人都在骂我，说新东方很落后，因为新东方进入教育互联网，真正用互联网改变教育这件事情，做得太慢了。但举个简单的例子，比如说一个平台这边是学生，那边是老师，自由连接，线上线下都可以，表面上听可能是非常可以成为商业模式的事情。但是这件事情实际上不像你想的那么容易，中间一个平台自由对接就可以了。

因为对于家长来说，考虑的重点不是跟老师直接对接，或者每个小时省下50块钱。对于任何一个家长来说，都没有任何理由,把孩子的前途压到一个他根本就不认识的在线上的老师身上去。尽管这个交易会产生,但是前提是家长对老师本身已经十分认可的前提下。

要用互联网来加强学生的学习效果和学习效率,要用互联网来加强我们老师、学校和家长之间的关系,所以我本人的感觉就是,我们也要用互联网让老师有更多赚钱的机会。比如说把课上和课下的教学结合起来,但互联网本身不等于教育。

第二种人是创始人。对于创始人,俞敏洪在投资创业者时非常关注创始人的特质,俞敏洪说:

> 我一直认为创始人并不是每个人都能做的,否则全中国十几亿都可以做创始人,那谁来做合伙人啊!另外,如果中国这么多人,每个人都能做生意,中国就没法玩下去了,因为就没客户了。
>
> 所以我觉得能真正成为老板的,依然是少数;中国14亿人,真正能成为大老板的,有1000万人就了不起,就是年收入达到10亿元以上的,就非常了不起了,中国的经济就繁荣得不得了,也就意味着"精神是什么"不需要我讲了,比如说你作为创始人,怎么样寻找商业模式,怎么样能够面对未来走下去这些东西都是非常重要

第三部分　创业成败取决于创业者的态度

的东西。

在俞敏洪看来，创业能够成功的毕竟是少数，虽然在创业中锻炼了创业者的能力，但是创业者需要搞清楚自己的盈利模式，甚至是能够把初创企业做起来。俞敏洪以自己的创业经历解释自己的投资思维：

> 尽管在创业的过程中能锻炼创始人的能力，但是我一直认为一些基本能力是你不创业也能看出来的。比如以我为例，我从北大出来做新东方以前从来没有创过业，为什么一下就能做成功呢？我身上的两条东西非常重要。
>
> 第一条东西，我是非常精明的人，我知道我应该怎么样赚钱。这是第一。
>
> 第二，我是一个非常大方的人，我知道我赚钱必须把钱分给别人。所以实际上创业成功是需要有些特征的，马云身上具备商业的精明，以及他充满激情，就构成了他成功的要素。

第三种是合伙人。不同的时候找不同的合伙人，每个人都要有良好的分工，有一致的目标。

在选择创业伙伴时，不单单是识人和用人，更要体现企业领导者的宏大气度，否则难以成事。对此，俞敏洪解释道：

昨天早上媒体发了一个标题，说我跟盛希泰做合伙人，比和徐小平、王强好。这是完全标题党的作品。我的意思是说，比如说我原来做新东方的时候，新东方需要演讲来渲染学生，通过我们的演讲把学生拉过来，让学生听完演讲愿意掏钱上课。所以我和徐小平、王强都是演讲能力很强的人，我们成了很好的合伙人。

我不需要王强、徐小平有很强的经营能力，他们演讲，具体的活可以我来做。现在我和盛希泰做洪泰基金，如果是盛希泰去演讲我干活，就会出问题，因为盛希泰是很实干的人，所以他就干活很多。我们俩不同的特质合在一起，就把洪泰基金做得风生水起。我的意思是不同的时候找不同的合伙人，每个人都要有良好的分工，但是大家的目标事业、前进的感觉是一致的。

在俞敏洪看来，在不同的企业发展阶段，需要不同的合伙人，同时需要不同的分工。既然合伙人如此重要，可能读者会问，既然唯才、唯德都有失偏颇，那么作为创业者，该如何才能选择理想的创业伙伴呢？作为创业者，以下几点值得学习和参考。

第一，人品好是必要条件。在企业经营过程中，选择人品好的合作伙伴是保证企业生存和发展的必要条件。ZCOM智通无限科技有限公司创始人坦言："更多品质要在遇到困难和

第三部分　创业成败取决于创业者的态度

压力时才能体现出来。因此，选择创业伙伴时，有时自己的感觉比理性判断更加重要。要坦诚，要正直，如果创业合作伙伴品质有问题，公司一定走不远。"

第二，志同道合是基础。在创业和经营过程中，选择志同道合的合作伙伴是保证公司战略一致的关键因素。这能为统一公司战略的方向打下基础。在《水浒传》中，宋江和其他英雄由于在招安问题上存在巨大分歧，尽管有情义在维持，终究还是大厦将倾。

第三，要有韧性、开放的心态和非常强的执行力。在创业和经营过程中，可能面对许多想象不到的困难，这就需要选择韧性、开放的心态和有非常强的执行力的合作伙伴。对此，360公司创始人周鸿祎认为，"选择投资对象和合作伙伴，最重要的是要有韧性；其次是要有开放的心态和有非常强的执行力。有的人有激情，但激情了三天，碰到了困难就放弃了。而有韧性持之以恒的人才能获得成功，所以这是第一位的。在互联网上要不断地学习听取别人的建议，不断地调整和变化，故步自封不愿意改变的团队是不会成功的；企业最终是天使还是魔鬼都在细节之中，特别是创业的公司，只有卷起袖子做事的人，才可以做好创业的企业。"①

第四，是投资人。成熟的投资人看项目的时候是非常冷

---

① 李冰心、周鸿祎：《选择伙伴韧性比激情更重要》，《中国青年报》2007年4月30日。

静的，需要进行反复地考虑，对商业模式进行反复琢磨。俞敏洪解释道：

> 其实大家不要小看投资人，投资人是全世界最精明的人。碰上傻投资人的可能性不太多，为什么呢？因为投资人是要赚钱的，投资人不光要为自己赚钱，他还要为别人赚钱。不要忘了，大部分的投资人都是有创业经历的。
>
> 没吃过猪肉还没看过猪跑吗？只要是投资人，看上了100家公司以后，基本上都知道什么样的人什么样的业务是值得投的，尽管当初也有投错的情况。
>
> 在我看来，如果说没有踏踏实实的精神，没有创新能力，没有带团队的能力，不管你商业模式多好都不行，因为你能想到的商业模式别人也能想到，如果别人具备其他能力，你不具备，即使是后起之秀也可以做得比你好。

在俞敏洪看来，创业者在处理上述四种人中，只有兼顾好这四种人，创业才可能取得成功。

第三部分 创业成败取决于创业者的态度

> "创业须从安全的地方开始,一旦开始很难有回头路。"

哪有有埋怨,哪里就有商业机会。对于创业者来说,只要能够解决这个抱怨,通常创业就能够成功。滴滴创始人程维当年在杭州时,由于自己打不着出租车,因此非常困扰,于是以打车软件作为突破点,创立了"滴滴"。如今的滴滴成为"隐形冠军",可能陈维也没有想到,今天滴滴的规模可以做得这么大。

基于此,在第43期"林夕阁互联网知名人物"采访中,主持人问俞敏洪:"大家都很高兴俞老师能够接受这期采访,在这里的大部分人都是做互联网工作的,同时也希望在互联网中进行创业的。对于互联网创业,俞老师您是怎么看的呢?"

面对主持人的发问,在讲坛上身经百战的俞敏洪顿了顿,告诫创业者道:

> 其实现在互联网创业已经无所不在了,这是不可否认的,不管是传统行业还是科技行业、信息行业,都跟互联网密切相关。所以互联网行业并不仅仅限于高科技或者是网络信息未来,它是已经贯穿到人类生活毛细血

管中的一种创业方式。所以不管做传统行业，还是信息产业，互联网已经变成一个企业或者一个事业发展的基础。所以，我认为大家做互联网创业应该把眼光拓宽，不仅仅考虑到一个网络，而是要把所有的业务关系、社会关系、商业结构都考虑进去。

在俞敏洪看来，作为创业者，创业项目选择互联网方向只是一个方面，必须要考虑全局，比如商业机构，这或许是很多创业者没有关注过的。

在创业过程中，选择一个较好的方向作为突破口无疑会提高成功的概率。当然，当一个创业者走在创业的路上，突然有一天发现他创业的项目已经是一片红海时，该创业者到底是继续往前走，还是放弃手中的项目，进入另外一片蓝海呢？

这样的问题几乎是创业者不得不迈过的一道坎。俞敏洪为此告诫创业者说：

> 这个问题两说，我建议想清楚了一件事情以后再去做，只要想清楚了你就要不断往前，只要资源允许，时间、能力没问题你都要坚持去做。因为任何一个蓝海都会变为红海，所以在红海中打拼出来也很有前途。发现蓝海当然很好，发现没人做了我先做那挺好的，这样可以省很多力气。但是，实际上如果你在红海能够不断往

第三部分 创业成败取决于创业者的态度

前,也是一种选择,因为任何大的事业发展,特别是好的商业机会,只有在红海中取胜的事业或者企业才能够真正长远的发展。

比如新东方做的培训教育,开始就已经是一片红海了;像马云做的电子商务,刚开始做的时候好像是蓝海,现在也是一片红海了;百度的中文搜索带有蓝海色彩,现在也是红海了。所以在红海里面坚持做下去,有时候会把自己的红海变成独特的蓝海。当然,如果有蓝海被你独到的目光所发现,并且在你做成功之前别人还不太容易进入的时候去进行蓝海的运作,努力把它做成功,这也是更有独创性的事业。

我觉得就和战争一样,总是要看到当时、当地的情况才能下决定,绝对没有一个规则套在这里,大家以后就不用去思考。是要在变中求不变,不变中求变,才是做企业的禅道。

基于此,作为创业者来说,在决定创业时,必须解决"刚需、痛点、高频",这样才可能减少失败的概率。为此,俞敏洪告诫创业者:创业须从安全的地方开始,一旦开始很难有回头路。

俞敏洪的观点得到北大光华管理学院副院长刘俏教授的认同,刘俏教授认为,创业者需要从自己的经历出发说到创业，理论在实战面前好像是很脆弱的，但是实战终归是离不开理论，离不开知识的，而且知识也在实践中不断得到创新，这是很有挑战的过程。作为一个学者，我自己是非常享受做研究这个过程，而且我觉得知识创新也是很有创业精神的。

在刘俏看来，在"中国最好的创业时代"背景下，作为创业者，需要牢牢把握大方向和创新两个方面。究其原因，第一，创业项目的选择必须与时俱进，选择正确的大方向离不开自己的认知格局。第二，产品需求需要创业者"温和地对待创业创新，温和背后是激情加上理性的态度"。

第四部分
100份商业计划书，99份基本都被拒掉

异想天开的人特别的多，完全没有任何经验就要创业的这种人也很多，或者拿着商业计划书缠着你就想骗钱的人也一堆，这种人真的很多。我们这些人又不是眼睛瞎的，哪能随便给你钱啊，所以100份商业计划书，99份基本都被拒掉。

——新东方创始人　俞敏洪

> "任何不以挣钱为目的的创业，都是耍流氓。现在有很多小年轻跑过来找我的时候，找投资，上来谈情怀，他们知道我这个人是谈情怀的人，但挣钱路子都没有摸清楚，如果想不通钱怎么挣就意味着你没有商业头脑，如果进入商业领域是万死的情况。"

对于任何一个创业企业来说，要想生存和发展，就必须盈利。基于此，在北京举行的第四期加速营开营仪式上，俞敏洪认为，不创业的人生不完整，但"不挣钱的创业，都是耍流氓"。

回顾俞敏洪的创业史：1993年，俞敏洪创办了北京新东方学校；经过10多年的经营，新东方得到高速发展，2006年，在美国纽约证交所上市。这样的发展路径对于俞敏洪这位前北京大学的英文老师来说，其创业无疑是成功的。

当俞敏洪给第四期加速营中新一批的创业者讲课时，俞敏洪不仅分享了自己的创业经验，同时告诫创业者公司必须盈利。

在俞敏洪看来，创业经验的积累加上眼光和对商业模式的认知，这都会影响创业者的创业方向，尤其"太嫩"的人，不适合创业。

在俞敏洪看来,创业者首先要弄清创业模式未来有怎样的市场规模和潜力,例如中国的教育领域是接近两万亿的市场,但如何整合用户需求并提供个性化的服务,则是一个需要深入思考的话题。

如今的俞敏洪,作为一名带有励志色彩的创业人士,其创业故事甚至被拍成电影——《中国合伙人》。如此经历无疑鼓舞着成千上万的创业者。

尽管如此,俞敏洪仍告诫创业者,创业很残酷,甚至坦言:"任何不以挣钱为目的的创业,都是耍流氓。"

在俞敏洪看来,创业者要想挣钱,就需要考虑如下三个层面的因素。

第一,创业者需要弄清楚盈利的商业模式,分清用户的"刚需"和"伪需求"。

俞敏洪举例说,虽然以摩拜和ofo为代表的商业模式尚未盈利,却满足了用户的出行需求。基于此,这样的商业模式具有很大的发展空间。

与之相反的是,之前教育领域的O2O平台模式和上门洗车两个业务,相对地带有"伪需求"的色彩。

不可否认的是,正是因为创业者分清用户的"刚需"和"伪需求",才能把产品做到极致。当然,也有一些产品经理无视这一圭臬,导致每年都会有无数的失败产品。

在360创始人周鸿祎看来，这些失败的产品背后，往往都有着一群失败的产品经理，他们看到的需求根本不符合人性，是彻头彻尾的伪需求。周鸿祎解释说：

> 商业的本质就是让人性得到释放，做产品同样如此。做产品，归根结底就是研究如何满足人性的最根本需求。
>
> 这种"人性"有时是赤裸裸的，有时则经过掩饰和包装，隐藏在用户行为中。去发现这些本质，我一直觉得是一个出色的产品经理需要不断修炼的能力。
>
> 在这一点上，我和马云相比存在一定差距。如果比懂技术、懂产品，可能马云不如我，但是他比我更懂领导力和人性，所以马云可以驾驭更大的事业。

全球科技界炙手可热的产品顾问、演说家乔克·布苏蒂尔（Jock Busuttil）说："企业最愚蠢的行为，就是往一个根本不存在的市场里砸钱。"

对于任何一个企业来说，产品竞争就如同一次次的越野赛跑，想要在长期竞争过程中立于不败之地，就必须拥有自己极致的、刚需的产品。因此，作为企业家，尤其是创业者，研发出一个适销对路的、迥异于他人的产品尤为重要。所以，一旦企业家尤其是创业者没有爆品战略，就会陷入万劫不复的深渊之中。在这里，我们就以摩托罗拉铱星产品战略来举例。

20世纪90年代,摩托罗拉在中国的市场占有率在60%以上(1995年60%以上),然而在2007年,其市场份额已经跌至12%,其后,摩托罗拉业务被出售。

多年前,摩托罗拉傲视群雄,不管是IBM,还是微软,摩托罗拉都是其中的佼佼者,以尖端技术著称,一度前无古人地每隔10年便开创一个工业领域,有时还开创两个。

摩托罗拉成立以来,其辉煌的战绩举不胜举:做过车载收音机、彩电显像管、全晶体管彩色电视机、半导体微处理器、对讲机、寻呼机、蜂窝电话,以及"六西格玛"质量管理体系认证,先后开创了汽车电子、晶体管彩电、集群通信、半导体、移动通信、手机等多个产业,并长时间在各个领域中独霸天下。

但是任何一个高手都有落幕的时刻,摩托罗拉也不例外。虽然有着煊赫的历史,但是其下落的速度也超乎业界想象——2003年,摩托罗拉手机的品牌竞争力排在第一位;2004年,摩托罗拉手机被诺基亚超过,排在第二位;2005年,摩托罗拉手机又被三星超过,排到了第三位。

其后,摩托罗拉手机更是一泻千里。2008年5月,市场调研厂商IDC和战略分析公司Strategy Analytics坦言,摩托罗拉可能在2008年底之前失去北美市场占有率第一的位置。摩托罗拉的当季报告也显示,2008年第一季度，全球手机销量下降39%，手机部门亏损4.18亿美元，与上年同期相比，亏损额增加了80%。[①]

回顾摩托罗拉的发展史，不难发现，为了夺得对世界移动通信市场的主动权，并实现在世界任何地方都使用无线手机通信，摩托罗拉开始了自己的颠覆性尝试。

1987年，为了提升用户的通信体验，摩托罗拉高层提出，通过发射77颗环绕地球的低轨卫星有效地构成一个覆盖全球的卫星通信网，即"铱星计划"。不可否认的是，铱星系统技术上的先进性，即使在目前的卫星通信系统中也处于领先地位。

该计划的优势是，不需要建设太多的专门地面基站，用户可以直接在地球上任何地点进行有效通信。正因为如此，中国科学院还把此事评为当年全球十大科技新闻之首，足以说明其全球影响力。

20世纪90年代初，作为欧洲通信制造商的诺基亚，为了争夺控制权，积极地研发GSM，而摩托罗拉更加大胆，把大量的技术人员调往铱星的部门。

虽如此，到1998年，当耗时11年、投资50多亿美元后，摩托罗拉构建的这个全球首个大型低轨卫星通信系统，也是全球最大的无线通信系统运营（铱星曾在科

---

① 王林、雷婧妹、王敬娅、林凡：《摩托罗拉为什么没落》，《第一财经周刊》2008年第3期。

索沃战争、中国台湾大地震时使用过)却陷入僵局。

究其原因,由于铱星系统卫星之间直接通过星际链路传送信息,虽然用户通话时不依赖地面网络,但是这也间接地导致了系统风险大、成本过高,甚至维护成本比地面接收网络还要高很多。仅仅用于整个卫星系统的维护费,一年就需要投入几亿美元,加上铱星手机的价格每部高达3000美元,以及高昂的通话费用,使铱星电话不再是面对老百姓的产品。在投放市场的前两个季度,在全球只有1万用户,即使是2000年摩托罗拉公司宣布破产保护时也才发展了两万多客户。如此业绩,使铱星公司前两个季度的亏损即达到10亿美元。其后,铱星手机虽然降低收费,但是仍未能扭转颓势。

反观摩托罗拉的失败,作为一个技术主导型的企业,摩托罗拉工程师文化异常浓厚。一般地,此种文化通常以自我为中心,唯"技术论",最终导致摩托罗拉尽管有市场部门专门负责收集消费者需求的信息,但在技术导向型的企业文化里,消费者的需求很难被研发部门真正倾听,研发部门更愿意花费大量精力在那些复杂系统的开发上,从而导致研发与市场需求的脱节。[①]

---

① 阳淼:《摩托罗拉:没落贵族兴衰史》,《新京报》2011年8月23日。

对此，时任摩托罗拉资深副总裁梅勒·吉尔莫（Merle Gilmore）曾说："摩托罗拉内部有一种亟须改变的'孤岛传统'，外界环境的变化如此迅捷，用户的需求越来越苛刻，现在你需要成为整个反应系统的一个环节。"

第二，创业团队是否能够支持创业持续下去。

俞敏洪认为，创业企业出现暂时亏钱的状态是没有多大问题的，最怕的是一直亏下去，其后又没有资源来衔接创业企业。因此，俞敏洪告诫创业者，创业者需要反复就商业模式、运营模式、团队组建等进行琢磨和研究。

第三，创业者要把自己打造成一个独一无二的、有威望的创业者。

创业者在创业过程中，必须拥有绝对的威望，否则就可能使企业陷入内讧之中。俞敏洪举例称，他投资了两个公司，其估值已经达到10亿元和15亿元。规模虽然做大了，但是"创业者开始打架了"，且两边创业者势均力敌，谁离开创业企业，创业企业都会垮，让人"很没有办法"。对此，俞敏洪说：

> 你们开始融资，投资者竞轮的时候，一定要给管理层再次设定未来发展空间的股权。如果进来的时候，假如说你是一个创始人，占了100%，我进来投资了，你占30%，未来我们涉及一个问题，你们团队的成员股份怎么来。如果你给管理团队一起分配，有的创始人说我80%，

再拿出15%给未来的团队，这个问题就解决了。因为这样可以支撑两三年。也有创始人说，我们必须这样，你看上的是我这个人，我们共同找团队，我们能不能共同稀释出15%的股份来给团队。也有投资人会答应。但是一上来要说好，不说好就怕投资者和创始人有矛盾了。基本上是两败俱伤。第一个是投资者有矛盾了，创始人后续拿到的资金可能会很小。因为投资界是通的，大家会打听，如果我说你一点诚信没有，就没有人投你了。投资者是没有办法的。你把公司玩没了就没了，我们没有办法把你追回来。这里面涉及找投资者，有时候不是光看钱，有时候钱少一点，你知道这个投资者对你有帮助。像我这样的人，我对钱不太在乎。我愿意帮助你，我不太计较。

每个人有个性缺陷，你犯点毛病很正常。在新东方跟我干的人，我都能容忍。斤斤计较的投资者要特别小心，因为我也看过不少的创新中心最后跟投资者打架，这是非常重要的。把这几个关系理好以后，无论如何你想要创业，你是第一把手，最后要变成领袖人物，就一定要在这个公司说话算数，为这个公司制定理想、目标、价值观，如果没有这些指导的话，只是说跟着我干，你们以后可以变成亿万富翁，这个不管用，有时候有负面影响。余佳文不是这个概念吗？当时新东方是很想投的。

就是他一句话,我告诉新东方投资团说我们不要投了,再看两年。这一句话就是,"我明年一定要拿出一个亿的红利,一个亿的利润,让我们的团队进行分配,让他们开心一把"。我觉得这个不太靠谱,吹牛的感觉。

你要考虑投资者的心情。我给你那么多钱,赚钱以后自己先分掉,公司怎么发展。一个连商业模式都没有的创业公司,第二年拿一亿(元)红利分配,这个从商业看来,马云、马化腾都不敢说。这个东西跟新东方有关系,觉得整体上,这个脑子和感觉还是不错的,还是等等。没想到,周鸿祎首先发难了,是他的天使投资人,说这个不太对,说话不算数啊。我不是说余佳文不好,也不是说创新周末科技不好,投资者一定要该鼓励鼓励,该激励要激励,方式也要对。你任何时候都不能让团队感觉到你要他们,只要创业人与人有矛盾,任何一点不对劲的时候,就要聊天喝茶,心里的话说出来,不散伙。不能老是避着,有意见不说,忍着绝对不行。你没有发现,吵架的夫妻生活得更好,因为大家有话就直说;你没有发现,从来不吵架的夫妻离婚率最厉害。我不是鼓励团队吵架,你作为第一领导人,要有坦诚和直接的风格,不一定个性是这样的。

我的个性是对任何人的任何错误可以容忍。我觉得这个人干活不太好,算了吧。我还会出现另外一种现象,明明我对他有意见，还会说干得不错。我觉得我本来是把他叫进来，批评他的，比如说王胜江哪个地方不好。假如说王胜江干得错了，其实心里有蛮多的意见。突然有一天说，你这个不合格，必须把你开除了。结果最后，我的手下的人，有几个跟我打架很厉害，说"俞老师你上个礼拜说我干得不错，你现在说我不好开除我。你可以刚开始说我哪里不好，我可以改正"。你首先这个老大没有当好，领导没有当好。其三，我觉得这个人很阴险。你平时对我那么好，所以平时你不做好就有问题，如果是第一把手，如果是CEO，如果是董事长，没有商量的余地。

对于第三点，俞敏洪体会甚深。虽然俞敏洪一直有意保持新东方的主导能力，但是也曾遭遇"失控"的问题。

俞敏洪介绍说，新东方英语这门课程他可以自己教，但是他自己教不了GRE的数学逻辑课程，让俞敏洪没有想到的是，教授这门课程的老师竟然以离职为名要求涨工资。

当时的俞敏洪也没有更好的解决办法，只能答应给这位老师涨工资。随后，俞敏洪开始培养这门课程的老师，仅仅半年后，俞敏洪就培养了6个同类老师，于是他果断地替换掉这位老师。因此，俞敏洪告诫创业者，要想把创业企业做强做大，一开始就要树立创业者的绝对权威。

第四部分 100份商业计划书,99份基本都被拒掉

"合伙人不是找的,是碰的。"

《中国合伙人》热播后,电影里的"俞敏洪"比较土,而且没有主见。对此,俞敏洪并不认可:"如果像电影里那样没主见,新东方就做不起来了。我怎么可能是那样一个窝囊的人,没主见,还总被人欺负,最后靠到国外演讲五分钟就变成英雄,那怎么可能做成事情。电影里的三个角色,应该是我身上的某种成分被拆分了三个角色。"

俞敏洪坦言:其实我是一个做事情很灵活,对朋友很好,甚至有点仁慈过度,带有一点妇人之仁的人。但我做决断的时候还是蛮迅速的,我的判断力和决断力其实非常好。

正因为如此,俞敏洪把远在美国的王强和徐小平找来了。这就是新东方合伙人的雏形。

在当下,合伙人异常火爆,但是俞敏洪较为理性。当《新京报》以"你之前有分享过新东方的合伙人机制,对创业者而言,应该怎样找合伙人"提纲采访了俞敏洪,俞敏洪发表了自己对合伙人的看法:

> 合伙人不是找的,是碰的。中国创业公司的合伙人一般有三种状态,一种是几个同学朋友一起创业,但将

来公司散架的可能性比其他公司大很多，因为一开始是一帮朋友做事，到最后很难界定谁是公司核心。如果是这种情况，必须快速界定合伙人的主次关系。第二种是一个人先想了方法，然后找人，形成团队。这种的团队相对稳定，最初的那个人如果具备能力，就是团队核心。第三种就是新东方模式，一个人先做了几年，再找合伙人，但现在的互联网速度已经不允许这样的节奏了。

在俞敏洪看来，尽管当下资源开放了，找合伙人却更加困难了。俞敏洪说："难度更大。原来可以找能力单一的人，现在必须找在技术、市场、营销方面各自有专长的人。现在创业者年龄都很小，处理人事关系的经验很弱，所以很容易使合伙人散伙，这种情况很多。"

因此，在找合伙人的同时，还需要避免合伙人散伙。俞敏洪告诫创业者："只能靠创业者自己在经营中间摸索，想办法让自己变成一个真正的团队领袖，把事情做起来。"

面对创业者如何合伙的问题，2016年5月10日，在"创业吧，兄弟——蒙牛校园合伙人计划"上发表演讲时，俞敏洪谈了5点关于创业合伙人的建议：

第一，必须把自己变成不挑剔别人的人，要找到和自己一起做事的人就要放开胸怀；

第二，有分辨力，能够发现对方优秀的才能和特点，并积极学习；

第三，学会放弃，比如公司的利益，尤其是在移动互联网时代，共享经济成为趋势，独霸经济成为不可能；

第四，合伙人要学会忍受屈辱，团队每个成员都是珍珠，领导的作用就是把这些珍珠穿起来；

第五，合伙人要有制度，不能囿于人情。

的确，在纷繁复杂的商业世界里，唯有团队方能制胜。2013年，由陈可辛执导的《中国合伙人》掀开了"合伙人机制"的盖头。

在《中国合伙人》中，讲述了创业者成冬青、孟晓骏和王阳三人白手起家，共同创办"新梦想"英语培训学校的故事。

看完《中国合伙人》这个故事，我发现黄晓明饰演的成东青，其人物原型就是新东方创始人俞敏洪，甚至很多故事情节都取自"新东方"三位创始人俞敏洪、徐小平和王强的真实创业故事。

《中国合伙人》电影的公映或许超出俞敏洪的预料。当《中国合伙人》电影公映时，作为新东方创始人的俞敏洪在博客中写道：我坚决反对把新东方搬上银幕，所以现在和未来这部电影和我都没有关系……总是不自觉地在对照自己和成东青，所以就没有了审美距离……成东青在电影中展示的个性，包括孟晓骏、王阳展示的以徐小平和王强为原型的个性,则和现实中的我们大大不同。现实中我的个性没那么窝囊,也不是一个"把演讲当作自己性生活"的人。

虽然俞敏洪撇清了《中国合伙人》中成东青与自己的关系,但是一个不容忽视的现象是,该电影再次让中国合伙人制成为大众关注的热点。从新东方的"三驾马车"到阿里巴巴"十八罗汉",从巨人的"四个火枪手"到小米科技的"八大金刚"……尤其是当史玉柱、俞敏洪、雷军等企业家相继爆红之后,不管是创业企业,还是声名显赫的传统名企,"合伙人机制"已经成为当下管理界的热点。

不可否认的是,合伙人制度的爆红,其实是中国创业者在创业和经营过程中的一次尝试,以此为基础来打造百年老店。然而,往往是理想很丰满,现实却很骨感,因为创业企业能够基业长青和永续经营的,寥寥无几。

在采访和给一些企业老板的培训过程中,作者发现,要想实现基业长青和永续经营这样的梦想,可谓"蜀道之难,难于上青天"。

可能读者会问,这是为什么呢?这主要源于中国的传统文化。在中国传统的文化中,倡导儒家"五常"——仁、义、礼、智、信。

在这样的文化熏陶下,中国人就时刻把这"五常"作为做人、经商的训条。客观地讲,中国人重感情、讲义气,这的确是一种传统美德。在儒家"五常"文化中，把"义"列在"仁"之后，足以看出"义"在中国古代传统文化中的分量。

当然，今天的中国人虽然早已打破了封建社会的精神桎梏，接受了中国现代的系统教育，但是骨子里潜藏的儒学传统却不可能全部遗忘。在很多论坛上，一些企业家指点江山，高调呼吁"仁、义、礼、智、信"的回归。

这些企业家呐喊的背后是庞大的企业家群体，据资料显示，中国中小企业已经达到5000万家。在这样的环境下，众多中国企业创始人将"重感情、讲义气"的这种"美德"带到了企业经营中。在一些小圈子聚会时，作者目睹了"托孤"式的互助。2004年底，作者受某企业创始人H邀请，为该企业撰写商业案例。

在该企业调研期间，H让作者也参加了他们的聚会。在会上，一个企业家对H说道："兄台，如果哪天我的企业倒了，各位赞助10万元来给我那个熊孩子完成学业。当然，如果在座的各位，如有同样的问题，我赞助20万元。"

在该会上，该企业家泪流满面，推杯换盏，直言："在家靠父母，出门靠朋友。"研究发现，在中国的商业图景中，互助是固有的一种文化现象，传统的商帮文化就有抱团现象。基于此，在中国5000万创业企业中，三五好友聚集，一番热血涌动之后就开始创业的现象不在少数。

在企业创办初期，企业的凝聚力是最强的，因为其目标都是一致的——赚钱。在这个目标下,创业伙伴都会同心协力,同甘共苦,一点一滴地努力将创业企业的规模做大。

然而,当创业企业规模做大之后,当初的"重感情、讲义气"式友谊就开始出现裂痕,内讧开始产生,利益纠纷开始出现。一旦创业企业出现这样的问题,那么离倒闭就不远了。

事实证明,很多创业企业由于经不起兄弟阋于墙的折腾,最终倒在了本来可以高速成长的路上。这样的事件在中国企业中屡见不鲜。例如,2005年,雷士照明遭遇股东分家,其危机为后来直接引爆创始人吴长江出局埋下伏笔。虽然此事件早已过去,却让后来人心有余悸。①

> 被称为照明行业"三剑客"的吴长江、胡永宏、杜刚,他们都是"山城"重庆人,而且是高中同窗,其中吴长江为班支书,胡永宏为班长。
>
> 1984年,对于吴长江、胡永宏、杜刚三人而言,无疑是幸运的一年。三人以优异的成绩分别考入西北工业大学、四川大学、华南理工大学。
>
> 在20世纪80年代的中国,能够考上大学,就意味着他们三人的命运随之改变。由于吴长江、胡永宏、杜刚三人上的大学各不相同,大学毕业后,三人的工作地点

---

① 一凡:《照明企业:合资办企不能光靠讲义气》,《古镇灯饰报》2009年8月28日。

自然就各异——吴长江被分配到陕西汉中航空公司，杜刚被分配到国有企业惠州德赛电子，胡永宏则被分配到了成都彩虹电器集团。

1992年，邓小平南方谈话以后，中国创业更是迎来了燎原之势。不甘落寞的吴长江看到越来越多的人加入创业队伍中，心中更是踌躇满志。

其后，吴长江从陕西汉中航空公司辞职。不久，吴长江辗转南下广东，加盟了位于广州番禺的一家名为雅耀电器的港资灯饰企业。

1993年底，吴长江毅然从雅耀电器辞职，并筹划创业，创业项目就是照明行业。当然，吴长江没有把创业地点选择在番禺而是选择在惠州，是有着自己的盘算。

当时，吴长江的高中同学杜刚已经升任为惠州德赛下面一家二级公司的副总经理。吴长江前往惠州创业，起码有同学照应。

1994年，杜刚邀请了三位德赛的老总，吴长江邀请大学校友王戎伟，6个创业伙伴每人出资15000元，总共募集了10万元创业资金，成立了惠州明辉电器公司，专做电子变压器的代工生产业务。

惠州明辉电器公司具体工作由吴长江和王戎伟负责，其他4个人只做股东。惠州明辉电器公司刚成立之时，其工厂就设在德赛厂区。由于德赛的三位老总是股东，惠州明辉电器公司最早用的厂房、货车都是免费的。

由于惠州明辉电器公司没有厂房投入，没有租金负担，惠州明辉电器公司创办当年就盈利100余万元。但因股东数量太多，战略分歧过大，一年之后的1995年，创业伙伴决定卖掉惠州明辉电器公司，每个创业伙伴分得30多万元。

惠州明辉电器公司卖给了给吴长江他们订单的港商，而港商又把吴长江返聘为该公司总经理，并且答应给予吴长江15%的股份。

该港商则在中国香港成立贸易公司，把明晖电器的产品卖到海外。但是吴长江后来发现，香港老板承诺他的15%的股份几乎就拿不到分红，原因是该公司的利润都转到香港贸易公司去了，内地这边的公司压根儿就赚不到钱。

几年之后，吴长江索性离开了该企业。1998年，作为山城汉子的吴长江，不甘心就这样平庸度过一生，于是大胆地决定做照明品牌。

其后，吴长江找到了高中同学胡永宏，并说明创业的方向。胡永宏所在的成都彩虹电器集团从事的是小家电行业，而且胡永宏毕业10年来一直在营销岗位。相较于胡永宏，吴长江更擅长工厂管理，如果做自主品牌，仅仅有工厂管理的能力显然还是不够的。所以，胡永宏的市场营销经验就成为吴长江所急需的。

1998年底，由吴长江出资45万元，而他的两位同学杜刚与胡永宏各出资27.5万元，以100万元的注册资本在惠州创办了雷士照明（见图4）。

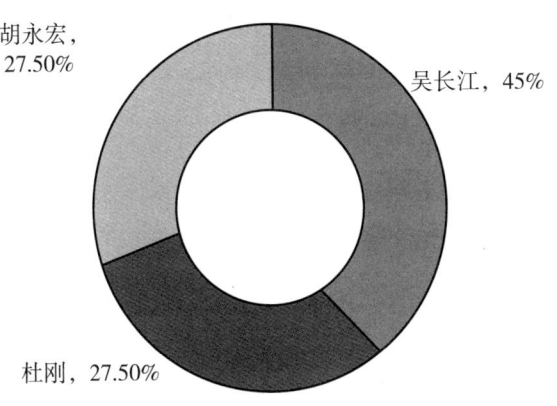

图4　初创企业雷士照明的股权结构

从雷士照明的股权结构来看，吴长江是雷士照明的第一大股东，持股占比45%，而相对两位同学杜刚与胡永宏的合计持股55%来说，吴长江又是小股东。

雷士照明正是在这种"有控制权但又被制约"的股权结构中，作为同窗的"三剑客"就这样合力把雷士照明迅速做大。创办雷士照明的第一年，其销售额达到3000万元，此后每年以近100%的速度增长。

随着雷士照明的做大，从2002年开始，雷士照明的

"事情正在起变化",雷士照明股东之间的心态也开始悄然转变,裂痕随即产生。

在雷士照明中,由于吴长江担任总经理,全面负责雷士照明的运营,因此在对外合作中,吴长江代表雷士照明。于是,在合作者眼中,但凡提及雷士照明,一定会谈及吴长江,其他两位股东杜刚与胡永宏认为自己的功劳被忽略了。

于是,掌管雷士照明销售的胡永宏开始越位干涉雷士照明的企业经营,原本只需要向总经理吴长江汇报的事情,胡永宏也以股东身份要求职业经理人向其汇报,并且单方面下达他的指示。胡永宏的举动造成了一旦雷士照明股东意见不一致时,雷士照明职业经理人无所适从的局面。

随着雷士照明局势的恶化,但凡雷士照明开会,常常是股东一方提出新的建议,另一方通常就表示反对,致使雷士照明的会议无法正常继续下去。

不仅如此,杜刚与胡永宏认为,一旦这种情况持续下去,雷士照明将无法持久经营,于是提出只要雷士照明有收入就马上分红。

在分红时,由于相对于杜刚与胡永宏而言,吴长江的个人股份较多一些,因而所分得的现金也较其他两位股东要多。这就使杜刚与胡永宏心理进一步不平衡,要求分红也必须一致。

经过一番交涉，吴长江向杜刚与胡永宏分别转让自己股份的5.83%，于是吴长江、杜刚、胡永宏三人的股份形成33.4%、33.3%、33.3%的均衡状态，三位股东在雷士照明的工资、分红也完全均等。

然而，尽管股东股份均等的问题解决了，但是吴长江、杜刚、胡永宏三位股东的关系却并未因此而改善。2005年，随着雷士照明的销售渠道改革，吴长江、杜刚、胡永宏三位股东的矛盾全面爆发，杜刚与胡永宏激烈反对吴长江的改革方案。

吴长江当时采取了一个"以退为进"的策略。由于吴长江负责雷士照明的全面管理和经营，如果自己离开，另外两个股东杜刚与胡永宏是"玩不转"雷士照明的，于是吴长江向杜刚与胡永宏两位股东提出，出让自己所有的股份给杜刚与胡永宏，分走8000万元现金并彻底离开企业。杜刚与胡永宏欣然同意，随即签署协议。

然而，让杜刚、胡永宏没有想到的是，吴长江离开雷士照明还不到一周时间，即遭遇雷士全体经销商的"讨伐"，雷士全体经销商要求吴长江重掌企业，杜刚与胡永宏被迫各拿8000万元彻底离开雷士照明。

在这一"赌局"中，吴长江"以退为进"的策略最终赢得胜利，而且付出的成本低于预期。有媒体报道，如果不是吴长江"以退为进"的策略,要想让杜刚与胡永宏顺利离开,吴长江付出的成本远不止1.6亿元。

事实上,尽管股东问题相对来说是妥善解决了,但是留给吴长江的雷士照明依然前途暗淡,在雷士照明的账上,已经没有足够现金支付杜刚与胡永宏离开的股东款了。

经过协商,最终达成一个折中方案,就是杜刚与胡永宏两位股东先各拿5000万元,剩余款项半年内付清。当吴长江兑现给杜刚与胡永宏两位股东一个亿的股东款后,雷士照明账上几乎变成"空壳",资金问题直接横亘在吴长江面前,且面临的真正挑战才刚刚开始。据吴长江自己称,从2005年底到2006年的下半年,吴长江唯一做的事情就是"找钱",其他的一概不管。[①]正因为如此,为他后来被踢出局埋下了隐患。

在中国,有一句叫"合伙的生意做不长久"的古话深得古今商人的认同。如今,这个道理依然适用。

研究发现,同学、好友合伙创业绝大多数都是有善始、无善终的,即"哥们儿式"合伙、"仇人式"散伙。

当然,相对较好一点的结局就是分道扬镳,各自独立经

---

① 参见苏龙飞:《雷士照明:资本猎手之间的博弈》,《经理人》2010年第12期。

营自己的公司，比如，企业创始人南存辉和德力西创始人胡成中。最糟糕的结局是兄弟反目成仇，对簿公堂，最终将创业企业推下山崖，比如，爱多创始人胡志标和陈天南。

客观地讲，创业企业股东之间的矛盾，向来是"公说公有理，婆说婆有理"。在雷士照明这个案例中，吴长江与另两位股东杜刚、胡永宏之间，究竟孰是孰非，至今依然是个谜团，我们所知道的很多媒体报道仅仅只是吴长江的一面之词。

虽如此，真实的问题是，雷士照明被两位股东杜刚与胡永宏抽走了1亿元资金后，面临资金链断裂而轰然倒闭的风险。几经努力，雷士照明的城池得以保住，吴长江却为此付出了1.6亿元的巨额代价。对此，吴长江在接受媒体采访时叹道："你身上背着黄金，掉进了水里，你要是不丢掉黄金，你的命就没有了。当时企业非常危险，我只有丢掉'黄金'，将企业牢牢抓在手里。"

在吴长江看来，将雷士照明牢牢地抓在手里，比支付1.6亿元资金更为重要。

在当时，1.6亿元的股权转让金对于吴长江来说，不仅数目庞大，而且还有时间限制，吴长江需要在一个月内给杜刚与胡永宏每人5000万元总共1亿元的资金，而余款6000万元也必须在半年内全部付清。

协议签订两天后，杜刚与胡永宏两位前股东的律师又给吴长江一纸补充协议，一旦吴长江不能按期支付，杜刚与胡永宏则会拍卖他的股份和品牌。

当雷士照明命悬一线时,很多学者和媒体记者想到了曾经的爱多VCD。当年,就是因为一场股权风波,爱多VCD被股东抽走了5000万元,资金链断裂而轰然倒下。

对于此刻的山城汉子吴长江来讲,此次雷士所遭遇的更为甚之。釜底抽薪的1.6亿元资金,同样使雷士面临资金链断裂的危险。经过一系列的拯救,吴长江赢得了胜利,但也为自己与阎焱日后的对决,以及与王冬雷的决裂埋下了祸根。

在其后的股权之争中,山城汉子吴长江直接出局。对于合伙人机制,吴长江曾有自己的理性认识:绝对控制的话,当你做决定的时候谁也不敢反对你,谁都不敢提出反对意见,这个时候你可能一拍脑袋的一个决策,就会导致公司损失,甚至具有毁灭性,所以我开始设计股权比例时就没让自己绝对控股,否则最早创业时我完全可以拿51%甚至更多的股份,那就不会出现今天这种状况了。

时过境迁,2016年12月21日,经惠州中院一审,香港上市公司雷士照明(中国)有限公司原法定代表人、董事长吴长江因挪用资金罪、职务侵占罪,被判处有期徒刑14年,没收财产人民币50万元,并责令吴长江退赔人民币370万元给重庆雷士照明有限公司。这样的结局,意味着山城汉子吴长江就此陨落。

2017年3月,雷士照明公布2016年财报,全年收入

38.06亿元，利润1.78亿元，较2015年度（1.27亿元）同比增长39.80%。

此刻，身在狱中的吴长江或许感到欣慰，因为自己一手打造的雷士照明尚在盈利，只不过要想重新进入雷士照明，那只能等到14年后，届时1965年出生的吴长江已年满63岁，其翻盘的可能性依然有，却甚小。我们只能拭目以待了。

吴长江的悲歌虽然已尘埃落定，但是新的创业者因为合伙人问题，再次把合伙人制度聚焦在媒体的头条。

2017年的某天，一则合伙创业七年却被净身出户的信息瞬间刷爆朋友圈——《就算老公一毛钱股份都没拿到，在我心里，他依然是最牛X的创业者》。该文写道：

> 今天，初春的北京下起了雪，老公八点多回家的时候说，跟CEO谈股份谈崩了，如果走的话就是净身出户，留下来的话就是继续拿每个月的死工资，7年的创业，最后就是这样。
>
> 我一下子不知道该跟他说什么了，一时间想起了太多的事。
>
> 四年前认识我老公的时候，我就知道他在创业，当时我们都在苏州街上班，我在神州数码大厦，他在维亚大厦，我俩上班只隔着一条街。认识他的时候，他说已经创业第三年了，他们公司有三十来个人，做手机游戏，

他说他是公司的第二个员工，算是联合创始人，负责技术，我记得我们第一次见面的时候聊的全是App推广，当时刚学着做App推广的我，听着他讲各种渠道、如何推广、如何谈框架的时候感觉真的是崇拜极了。

尽管老公当时没车也没房，可我那时候就想找个创业的，感觉创业似乎代表着无限的可能，当然心里多少有点期望有朝一日他们公司上市分个几百万元然后去环游世界的小憧憬，可说心里话，我好像就是特别喜欢他敲代码的样子，喜欢他的实在和幽默，虽然正脸侧脸都一样坑坑洼洼，但就是感觉特别可爱。

在潮水般的评论中，绝大多数的网民同情这位被净身出户的创业者，甚至有网民称要人肉该游戏公司，让CEO知道民意的力量。

客观地讲，当初创企业的规模做大了，就把当年的合伙人兼好兄弟一脚踢开，这的确有点过分，但是，该"善良""坚韧"的合伙人也要担负一部分责任的，毕竟合伙创业就存在摩擦和争议。

在一边倒地同情这位被净身出户的创业者时，却也有理性的诉求在传达，其中一条评论是这样的：

你在这家公司创业七年，有这么多次学习股权和公司架构的机会,为什么不提前避免风险,一拖七年?作为创业人,面对如今已经壮大的公司,面对这么多员工,哪里有作为创业人的责任感呢?

虽然这样的批评有点残忍,有些事后诸葛亮,但是何尝不是呢?作为创业者必须清楚的是,既然合伙创业,那绝对不是自己一个人的事情,也不是和朋友之间意气相投的一时冲动。一旦确定与朋友合伙创业,一起打拼,就必须清楚自己经营企业的责任,同时也要为所有员工负责,毕竟这不是小时候玩游戏。

基于此,在这个合伙人打天下的创业时代,作为创业者,首先需要搞清楚的是,撇开自己的感情,撇开自己的热血和冲动,完善合伙创业的基本法则,否则,被净身出户这样的悲剧注定要发生。

正如碳9加速器创始人冯新所言:"所有的合伙创业最终都以分手告终,扯皮散伙、反目成仇、分道扬镳、和平分手从此相忘于江湖、兄弟般合伙、仇人般散伙,必有一款适合你。当你没想清楚N年之后彼此用什么方式分手之前,不要轻言合伙。"

的确,合伙人创业的信息早已塞满朋友圈,上述例子也并非孤例。早在2013年,电影《中国合伙人》的公映迎来了中国合伙人创业的时代,合伙人因此风靡大江南北。尤其是电影里的经典台词——千万别跟丈母娘打麻将,千万别跟想法比你多的女人上床,千万别跟好朋友合伙开公司。

这也因此成为坊间热议的话题。在电影的最后,三个合伙人最终还是分道扬镳,从当初的兄弟式"合伙"到仇人式"散伙"的路径,似乎谁也没能逃开。

我们团队跟踪和研究上百个合伙人企业后发现,"哥们儿式合伙"因为朋友抹不开面子等才造成了如此被动的局面。在中国传统的人际关系当中,"千万别和好朋友合伙创业"的告诫由来已久,不仅仅是合伙创建一个小企业,即使是大企业,也不乏鲜活的案例。比如,新东方的"三驾马车"、万通六兄弟、柳传志与倪光南、真功夫"内斗"、国美兄弟分家、新希望分家……这可都是曾经的好兄弟、好哥们儿,但是当经营战略发生冲突时,最后依然会剑拔弩张,甚至分道扬镳。

基于此,对于创业者来说,合伙创业真的更难,尤其是对于那些即将合伙创业的创业者而言,只有找对合伙人,才能真正地众人拾柴火焰高;一旦找错了合伙人,当初辛苦创建的企业可能因此分崩离析,顷刻倒塌。

这意味着,在合伙创业时,从合伙到散伙,可能只是一步之遥。创业者如何做,不仅体现自己的经营智慧,更体现自己的胸怀和格局。

在"下海潮"的影响下,1991年的某天,几个雄心勃勃的年轻人在慎重考虑后，毅然离开了被誉为中国医械界的"黄埔军校"——安科。为了实现自己的梦想，他们一起创办了迈瑞医疗。

经过20多年的发展，迈瑞医疗已经成为一只名副其实的"独角兽"——在中国超过30个省、市、自治区设有分公司，境外拥有39家子公司。全球员工近万人，来自全球30多个国家及地区，其中研发人员占比超过20%，外籍员工超过10%，形成了庞大的全球研发、营销和服务网络。迈瑞医疗的主营业务覆盖生命信息与支持、体外诊断、医学影像三大领域，通过前沿技术创新，提供更完善的产品解决方案，帮助世界改善医疗条件、提高诊疗效率。① 不仅如此，迈瑞医疗还赢得更多好评：

2015全球医疗设备供应商排行榜位列43；

波士顿咨询公司评选迈瑞为2016全球挑战者；

《经济学人》评价迈瑞为"高效整合全球资源，提升创新效率"；

2017中国健康产业阳光奖——最具社会责任企业；

2017年健康中国总评榜年度人物——迈瑞医疗董事长李西廷；

……

---

① 公司简介，迈瑞医疗官网，2018年9月27日。

这足以说明，迈瑞医疗的故事不仅赢得了市场的认可，同时赢得了媒体和社会的高度评价。业内专家为什么看好迈瑞医疗呢？这还得从"医械版"的中国合伙人、迈瑞医疗"三剑客"——李西廷、徐航、成明和白手起家，以及他们一起开创医疗本土公司的传奇故事开始说起。

1986年，随着改革开放的深入，拥有中科院背景的安科创建。一年后的某天，安科实验室里来了一个毕业于清华大学生物医学工程专业的年轻员工。该年轻员工叫徐航，个子虽然不高，神情较为严肃，但是做事异常认真，且非常聪慧。由此，徐航得到安科总经理陶笃纯的赏识。不久后，陶笃纯让徐航赴美进行为期一年的深造。学成归国后，徐航被提拔为超声部副经理。在不到两年的时间里，徐航已经成为安科一名出色的技术骨干。

当时的徐航即将步入而立之年，正是大干一番的年纪，有机会亲自主持项目，进行数字B超的研发。然而，几年后的一件事情，让徐航开始了自己的另一段旅程。由于安科经历了一轮频繁的人事变动和骨干流失，使得原本安心研发的徐航不得不思考自己的未来。1991年，徐航从安科辞职，与当时的老领导、办公室主任李西廷一起创办了迈瑞医疗。

与诸多初创企业一样，徐航和李西廷刚创建迈瑞医疗时，没有研发部门，创业资金相当紧张，技术人员也不足,其主营业务依然以代理医疗器械贸易为主。首次参加北京展会,迈瑞医疗甚至只能租得起半个展台,作为创始人的徐航,身兼销售业务员、技术工程师等多个角色。拿到首笔订单,徐航异常激动,甚至在签字时,手都不停地抖,撕掉了三次合同才最终把合同签好。

有一次,迈瑞医疗为了拿下一位内蒙古客户,作为创始人的徐航不得不采取"速成"的培训办法,花几个小时培训成明和。当徐航把成明和送到火车站时,却没有买到车票,甚至连高价黄牛票都没买到。几经周折后,成明和才坐上了去内蒙古的火车。好事多磨,成明和终于拿回了迈瑞医疗的首笔2万元的销售款。

一年后,迈瑞医疗凭借自己的代理业务,一下子就赚到了上百万元。当赚到第一桶金后,徐航和李西延毅然放弃代理模式,开始搞研发。研究发现,包括华为在内,摒弃代理独自研发无疑是一条正确的路径。然而,在中国无数的代理商中,像华为、迈瑞医疗这样赚钱的并不多。

做研发就需要投入资金,对于创业者来讲,这是一条较难的路。在徐航看来,虽然自己拥有超声技术背景,却非常清楚超声诊断设备投资大、回报周期长的问题。基于此,徐航决定从相对投入少、市场需求量又大的病人监护设备开始做起。

1992年底,迈瑞医疗自主研发了第一款产品——中国国内首款单参数的血氧饱和度监护仪。产品研发出来了,该如何销售呢?李西廷分析后认为,把高性价比和低价格以及自主研发结合起来。

20世纪90年代,也就是迈瑞医疗刚创建的那几年,中国医械行业研发创新的现状是基础差,其市场被外国跨国公司垄断。为了把迈瑞医疗自主研发的监护仪顺利推向市场,李西廷决定将价格降到极致。当时,跨国企业销售的监护仪,售价在每台10万元左右,迈瑞医疗却把监护仪的价格定位在每台4万元,其客户主要是对价格敏感的中小型医院。

李西廷"农村包围城市"的低价战略奏效了。迈瑞医疗从乡镇、农村医院开始拓展,以高性价比、低价格抢占市场,既避免了与国际品牌在大城市中的高档医院市场的正面作战,同时赢得了三四线城市偏远的市场。

当时,迈瑞医疗组建了一支800人的销售队伍,主要集中在河南、四川等内陆市场。其后迈瑞医疗抢占先机,占据绝对优势,其两条产品线在国内市场占有率分别达到了45%和37%。因此,李西廷以及他的团队也被业界称为"低价杀手"。

1995年,迈瑞医疗的代理业务有条不紊地进行,营业收入已经达到每年数千万元。尽管迈瑞医疗已经在国内创建了自己的销售渠道,但是做代理与徐航当初创业时"要做点事情"的想法相差甚远,为了回归初心,徐航开始积极主动地推动迈瑞医疗的自主产品开发。

众所周知,一旦涉及研发,尤其是研发新产品,其推广的难度无疑很大。1996年和1997年,迈瑞医疗的新产品研发依然没有太大起色,反而由于巨额资金的投入,使研发一度陷入困境。

面对无望的研发进度,部分公司创始人选择离开迈瑞医疗,另谋发展。1998年,迈瑞医疗七位创始人中的成明和、张巨平和严萍宜离开迈瑞医疗,创立深圳市雷杜科技有限公司。

部分创始人的离开,无疑使迈瑞医疗遭遇"分家"。面对"分家"的巨大压力,徐航把迈瑞医疗的故事讲给华登国际听,华登国际随后投资迈瑞医疗。徐航称,该风险投资犹如"雪中送炭",保证了徐航他们的自主研发能够顺利进行。解决了研发资金的困难后,迈瑞医疗推出了全自主产权的PM-9000监护仪系列产品,随后又推出血液分析仪、全数字B超、全自动生化分析仪等一系列高技术医疗设备。凭借完整的自主知识产权以及高性价比优势,迈瑞医疗迅速打开了市场。

1997年,迈瑞医疗代理销售收入5000万元,占据迈瑞医疗销售额的一半,自主研发的产品销售收入也达到5000万元。经过两年的拓展,迈瑞医疗取得实质性进展。

1999年，迈瑞医疗自有产品的销售收入达到1亿元。

2003年，徐航带领迈瑞医疗大部队前往娄山开战略规划会，研发仍然是此次会议讨论的主题。从刚开始时的模仿式研发到自主创新，迈瑞医疗实现了多元化产品的战略布局。此刻，徐航等高层人员已经意识到，迈瑞医疗要保持快速增长，必须有核心技术、创新体系以及人才。为了解决这些问题，迈瑞医疗技术研发部门与业务委员会、规划部门展开密切合作，把创新想法与市场需求分类，然后整合在不同项目之中，分别按照短、中、长期的规划，给予不同程度的资金、资源和人才支持。

据徐航介绍，迈瑞医疗的每个事业部中的研发中心，也会根据不同的技术方向细分为不同部门，他们专职研究产品线上的技术需求。平行的还有一个新技术探索组，做具体的产品线技术开发。他们与其他软件、硬件、测试、整机验证、临床、工艺设计、技术法规等小组，构成了产品研发的所有流程。迈瑞医疗之所以能够支撑起如此庞大的业务体系，依靠的是一直在平衡两方面的关系：一面是做业务层面的创新，另一面是支撑颠覆性的研发。[①]

完成中国市场的拓展后，徐航开始着手策划迈瑞医疗的国际化战略。进入21世纪后，随着中国加入世界贸易组织，

[①] 温淑萍、阿茹汗：《"不会讲故事"的迈瑞医疗 如何讲好千亿市值的猜想》，《经济观察报》2018年7月1日。

第四部分　100份商业计划书，99份基本都被拒掉

徐航加快了在海外市场的拓展步伐。被誉为迈瑞医疗"三剑客"之一的成明和在短暂离开后于2004年回归，担任销售与营销部执行副总裁，推动迈瑞医疗踏上国际化的征程。

作为迈瑞医疗创始人之一的成明和，毕业于上海交通大学，拥有生物医学工程学士以及硕士学位。迈瑞医疗1991年成立以来，成明和在销售、市场、战略发展等多个职能部门担任管理工作。成明和非常了解迈瑞医疗，同时也非常重视国际客户的需求，对每一条客户意见都会进行相关研究和讨论，然后要求研发团队给予大力支持。例如，当迈瑞医疗的监护仪进入欧洲市场时，由于欧洲小国都有自己的语言，尤其是东欧和北欧，其语言相对繁杂，迈瑞医疗的监护仪通过多语言版本来解决上述问题，光语言版本就超过20种。凭借这个优势，迈瑞医疗有效地提升了ODM（Original Design Manufacturer，原始设计制造商）大客户的忠诚度，既赢得了大额的订单，同时也向自己最强劲的对手学习，获得市场的第一手资料。

据成明和介绍，中国医疗设备要想真正国际化，尤其是进入其他领域，最终需要解决的还是知识产权问题。美国、欧洲已经提前利用专利做了严密的布局。比如在美国市场，有一条彩超的专利是"不能做10磅以下的彩超产品"，一旦企业做了10磅以下的彩超产品，就要支付相关的专利费。

成明和在接受媒体采访时介绍：这还是人家十几年

前的想象力,那个时候技术还很难达到做那么小,但是人家就已经提前申请了专利……到最后如果你想做这款产品,只能通过资本的力量和并购的手段把它的专利全买下来,否则绕不过去,要不就只能放弃,或者等他的专利20年后过期,再晚发展20年。

面对专利壁垒,迈瑞医疗当初的自主研发就成为最理性的选择,同时也为其再次融资打下坚实的基础。2005年,迈瑞医疗准备再次融资时,最终选中了高盛。2006年7月,徐航做出登陆纽交所的决定。同年,迈瑞医疗的大股东科健公司遭遇巨亏,安科股份被出让……然而,诸多事件并没有阻止迈瑞医疗的上市步伐。

2006年,迈瑞医疗成功在美国纽交所上市,成为中国首家医疗设备企业海外上市的公司。成功上市直接提升了迈瑞医疗在海外市场的品牌认知度和信赖度。

迈瑞医疗的七位创始人——李西廷、徐航、成明和、张巨平、严萍宜、聂彤等,被称为"迈瑞七君子"。

2006年,迈瑞医疗上市之际,李西廷、徐航任迈瑞联席CEO,成明和任迈瑞副总裁,聂彤于海外休养,张巨平、严萍宜等先后离开迈瑞,共同创办深圳雷杜生命科学股份有限公司。同年,严萍宜再次创业,创办深圳微点生物技术有限公司,从事体外诊断产品的开发。

2012年,作为创始人的徐航,辞去迈瑞医疗联席

CEO 职位，退出迈瑞医疗的日常管理，"跨界"投资房地产。徐航以鹏瑞地产董事长身份投资开发"深圳湾一号"。据媒体披露，在 2013—2014 年，"深圳湾一号"的销售量占整个深圳售出的 3000 万元以上豪宅的一半，足以表明徐航具有敏锐的投资眼光。

过去 27 年间，徐航与创业伙伴李西延、成明和一起，从无到有、由弱到强地创建了一个中国医疗器械企业品牌，由此打破了跨国企业垄断全球医疗器械市场的格局。创建当初，徐航的梦想在此，其故事也源于此。如今的迈瑞医疗，已经今非昔比，在中国算得上是最具有传奇性的医疗企业之一。其产品覆盖三大领域：生命信息与支持、体外诊断以及医学影像。

作为创业者，要想让自己的创业企业基业长存，就必须避免中国创业模式中那种常见的聚散模式——"哥们儿式合伙，仇人式散伙"。

研究发现，诸多创业企业之所以失败，一个重要的因素并不是竞争对手的问题，而是源于创业企业内部——在合伙创业时，可以共患难，却难以同享富贵。

反观诸多创业企业，在创业时期，合伙人都有一个共同的目标——让企业能够发展壮大起来。此时，合伙人不怕艰苦，不计较个人的得失，只要企业能够快速发展，自己做什么职位都不在乎。但是创业一旦做到某种规模，尤其是初创企业走上正轨，合伙人之间的问题也就显现出来。

此刻，他们面对的不再是艰苦，而是"排座次、分金银、论荣辱"的问题。由于剑拔弩张，内耗不止，使得创业企业四面楚歌。由此看来，中国式合伙创业的失败原因，压根儿就不是合伙人之间的兄弟情义，而是创业者合伙创业的方式——"哥们儿式合伙"。

为什么说在合伙创业中，"哥们儿式合伙"是合伙人创业的大忌呢？原因是"哥们儿式合伙"，仅仅是凭着兄弟之间的感情和义气，这样的创业方式掺杂着太多合伙人私人的因素。

当初创建创业企业时，彼此之间把对方当作好哥们儿，这样的话，合伙创业者压根儿就没有把自己的身份定位好，一旦没有把自己定位成"合伙人"，那么，就可能没有制度约束。这是非常可怕的地方，因为没有规矩不成方圆，一旦企业没有完善的制度，基业长青和永续经营就是一句空话。

对此，史玉柱坦言：建立合伙人团队是一个庞大的系统工程，是办企业第一重要的因素。客观地讲，"哥们儿式合伙"在创业初期，这样的危机隐患是不太显眼的，但是一旦初创企业的资产达到一定规模，缺乏完善制度的弊端就会显露出来。最终，只能上演"兄弟阋于墙"的悲剧。

这样的悲剧，源于东亚文化圈的江湖文化。不管是唐朝诗人李白，还是梁山泊首领宋江，都把江湖侠文化演绎得遐想无限,博大而又神秘。但是这种文化不能用于商业经营中,一旦把这种文化沿袭在商业经营中,那么这个创业企业必然遭遇重大危机,甚至可能从此倒闭。

在很多著作中,都提到水泊梁山。我们研究后发现,梁山最终的失败是必然的。在梁山的创业伙伴中,很多人都是被政府某些官员逼反的,他们对朝廷可以说是恨之入骨。然而,梁山首领宋江置若罔闻,一直把招安视为梁山的最终战略目标,这样的创业企业倒闭就在情理之中。

可能读者好奇的是,宋江为什么要招安呢?在《水浒传》中,由于宋江仗义疏财,自然得到"江湖好汉"的尊崇和照顾,比如戴宗和李逵。宋江因自己的不得志,醉酒后在浔阳楼墙壁上题了一首名为《西江月》的词:"自幼曾攻经史,长成亦有权谋。恰如猛虎卧荒丘,潜伏爪牙忍受。不幸刺文双颊,哪堪配在江州。他年若得报冤仇,血染浔阳江口!"宋江觉得还不够,又写了一首《七律》:"心在山东身在吴,飘蓬江海谩嗟吁。他时若遂凌云志,敢笑黄巢不丈夫。"

在诗中,宋江敢把自己与黄巢做比较,甚至一度认为,自己比黄巢更加有志气、更有见识,一旦得志,自己绝对会比黄巢拥有更大的影响。

让宋江没有想到的是,该诗被定性为反诗,江州知府蔡京的儿子蔡九为此直接将宋江判处死刑。正准备行刑时,梁山泊的各路英雄好汉,在智多星吴用的筹划下,大闹江州法场,劫走了宋江、戴宗。

事后,29位英雄聚会江州白龙庙,宋江就这样在不得已的情况下加入了梁山。由于宋江此前的名声,所以坐了第二把交椅。

这段文字很清楚地表明宋江不愿意上梁山,更不会自己跑去,而是因在浔阳楼酒后写下反诗后被告发,罪名是"反革命罪"。

然而,让宋江没有想到的是,梁山泊的各路英雄从法场上把他劫走了,这等于把他一直期望走仕途的梦想给切断了。

尽管宋江最终还是上了梁山,但是他骨子里依然想报效朝廷。这样的战略初衷,决定了创业合伙人宋江不可能跟其他各路英雄一样,这就是他推行彻头彻尾的投降主义路线的真正原因。

从《西江月》和《七律》一词一诗的内容可以看出,宋江还是很有抱负的,但是其父的反复交代也让宋江彻底放弃了革命。

在权衡利弊慎重考虑后,宋江还是接受了其父"修身,齐家,治国,平天下"的儒学逻辑。基于此,宋江精神意识里的那点反叛就这样"投降"了,也就是说,宋江从来就没有真正地想要彻底革命,彻底地推翻赵宋王朝。

在各种交织的利益下,宋江就会热衷招安、鼓吹招安、等待招安、迫不及待乞求招安,这样的逻辑并不矛盾,这主要源于宋江的忠君报国的精神意识。

在《水浒传》一书中，很多英雄都是不愿意被招安的。这批不愿意被招安的英雄侠士虽然屈从于宋江的招安策略，但也为日后的战略冲突留下隐患。

封建礼教都在宣扬"忠义"思想。由于各自对"忠义"解读不一样，导致战略的分歧越来越大。有学者在《梁山好汉为什么会失败》一文中分析道：

> 《水浒传》里有些头领，是不愿意被招安的，然而他们仍然屈从于封建礼教中宣扬的所谓"忠义"。宋江"忠义"于腐朽的朝廷，"忠义"于封建专制，企图把已经十分尖锐的、不可调和的农民和地主之间的阶级矛盾竭力地抚平，而他们"忠义"的是热衷于搞投降的宋江，每次激烈的争辩，他们总是被宋江那张巧舌如簧的嘴里看似是战略和策略性的言论以及封建统治者为了维系其统治，大肆向人们灌输的封建"忠义"柔和地压制下去，在水浒传里就成了"宣传投降就是忠义，忠义就必须投降"的荒谬理论。反对者立场不坚定，虽然不像宋江那样铁了心地想招安，却碍于所谓的兄弟义气，最后总是唉声叹气，有的闭口不谈，有的以哄堂大笑来收回自己明明正确的言论，等于向宋江认错，导致了最后的"被投降"。最终这场轰轰烈烈的农民革命草草了事，惨淡收场。

在创业道路上,当创业伙伴的战略目标不一致时,不光是"排座次""分金银""论荣辱"等问题,更有甚者是一大堆问题累积在一起,从而使创业企业遭遇内讧。

在"梁山"这个企业中,湖南涉外经济学院文学部沈端民教授就撰文指出:"任何政治斗争都基于一定的经济利益,梁山泊聚义也具有明确而具体的经济目的。作为聚义领袖的宋江用拜金主义指导梁山泊聚义,使拜金主义浸透了梁山军的政治理想,损害了梁山军领袖的权威性,削弱了梁山军的战斗力,最终使整个聚义军深深淹没在拜金主义祸水中而彻底灭亡。"[①]

水泊梁山虽然轰轰烈烈,可最后还是落得死的死,散的散,草草收场的结局。梁山公司这个案例警示每一个企业老板,要想使自己所经营的企业基业长青和永续经营,在创建公司时,就必须选择与自己具有相同价值观的创业伙伴,否则,出现"哥们儿式合伙,仇人式散伙"的问题也就很难避免。

基于此,要想将企业打造成百年老店,就必须选好创业合伙人。对此,大唐帝国这个家族企业的共同开拓者唐太宗李世民的经验就值得借鉴。在《资治通鉴》里,就有关于唐太宗选择创业伙伴的案例。

上令封德彝举贤,久无所举。上诘之,对曰:"非不

[①] 沈端民:《拜金主义:"梁山聚义"失败的根本原因》,《湖南财政经济学院学报》2011年第3期。

尽心,但于今未有奇才耳!"

上曰:"君子用人如器,各取所长。古之致治者,岂借才于异代乎?正患己不能知,安可诬一世之人!"

德彝惭而退。①

这段话的大意是大唐帝国的皇帝唐太宗李世民下旨,让唐朝初年任宰相的封德彝向朝廷举荐能人异士,可是让李世民困惑的是,时间过了很久,封德彝也没有推荐一个他认为是有才能的人。于是李世民就责问封德彝。面对李世民的责问,封德彝如实地回答说:"在大唐帝国中,不是我没有去尽心找,而是当今大唐帝国的确没有杰出的人才。"

李世民了解封德彝的想法后说:"在用人这个问题上,其实跟使用器物的道理是一样的,每一种东西都要选用它的长处,避其所短。古来能使国家达到大治的帝王,难道是向别的朝代去借人才来用的吗?我们只是担心自己不能识人,怎么可以冤枉当今一世的人呢?"

封德彝听了唐太宗的话,惭愧地走了。

李世民的观点是正确的,要想让大唐帝国这个"家族企业"千秋万载,就必须得人才,只有得人才者,方可得天下、安天下、治天下。然而,正是因为很多千里马不被伯乐赏识而骈死于

---

① 〔宋〕司马光:《资治通鉴》,中华书局2009年版,第1612页。

槽枥之间——在中外古今，许许多多有识之士、有才之人，由于没有被伯乐赏识而终将报国无门，英雄无用武之地，抱憾终生。

在李世民看来，封德彝之所以没有能够选拔出人才，是因为封德彝缺乏伯乐赏识人才精神，而并非大唐帝国无才俊。在李世民这个管理团队中，就有善谏的魏征、长于谋划的房玄龄、敏于决断的杜如晦……

李世民用人如器，用其所长，为一大批人才提供一个可以施展的舞台，从而使这批人才的才能得到了很好地发挥，为成就李世民帝王之业和贞观之治打下了坚实的人才基础。正如司马光在《资治通鉴》里所言："夫聪察强毅之谓才，正直中和之谓德。才者，德之资也；德者，才之帅也。云梦之竹，天下之劲也，然而不矫揉、不羽括，则不能以入坚。棠溪之金，天下之利也，然而不熔范，不砥砺，则不能以击强。是故才德全尽谓之'圣人'，才德兼亡谓之'愚人'；德胜才谓之'君子'，才胜德谓之'小人'。"[①]

在司马光看来，唯才、唯德，都有失偏颇，只有德才兼备，才符合帝国家族企业的用人观。司马光的经典论述，值得企业老板学习和反思。其实这个道理对于今天的创业企业一样适用，对于任何一个单位、组织而言，也是人才兴才能事业旺。

---

① 〔宋〕司马光：《资治通鉴》，中华书局2009年版，第2页。

第四部分 100份商业计划书,99份基本都被拒掉

"100份商业计划书,99份基本都被拒掉。"

对于任何一个创业者来说,当创业企业发展到一定阶段,融资就可能成为其中一个重要的战略任务。

为此,一些创业者为了融到资金,不仅在商业计划书上下功夫,同时也在积极联系投资机构。客观地讲,创业者完善自己的商业计划书无可厚非,但是必须找到真正的需求点。

面对当下的创业者融资问题,俞敏洪有着自己独特的见解。俞敏洪在接受《新京报》采访时说:"四个多亿的基金,六个月不到就快投完了。最后也有一些不靠谱的项目,基本都是创业者不靠谱。因为是初创公司,靠谱的人和不靠谱的人做出来的事情完全不是一个概念……七八十个项目,但你知道看了多少商业计划书吗?五六千份啊。"

在俞敏洪看来,新东方拥有自己的一套比较清晰的投资路径。俞敏洪说过,新东方的投资很简单,就是围绕教育产业链和生态链去做的。但我个人的投资和基金投资范围就广很多了,因为它不一定非要专注于教育。

虽然在6个月投资了4亿元,但是在挑选项目时俞敏洪非常看中创业者在项目中如何解决客户需求和痛点问题。

俞敏洪介绍说:"第一是他必须能找到客户痛点,你一看

这个模式就觉得是一个能做大的模式，并且解决了商业中间的某个大问题。第二是他在讲述公司发展的思路应该是靠谱的，不是在套概念。世界上有多少公司，热闹了两三年就崩溃了，所以即使模式最初你想不清楚，但必须有一个大的框架，我才能给你钱。第三是看创业者本身靠不靠谱，比如我一定要创业者本身是有想法有冲劲，那些浮夸又异想天开的人，我才不敢投资给他。第四是看团队。"

在第43期"林夕阁互联网知名人物"采访中，主持人杨旭涛以"很多人都了解您，在您之前做培训创业的时候应该也是很困难的，核心人物的不稳定、资金的走向、项目策略的方向等，特别在资金这一块，您觉得现在创业解决资金问题最好的方式有哪些"为提纲采访了俞敏洪。

俞敏洪是这样介绍他的融资经验的：

> 现在资金解决最好的方式就是拿出一个好的创业项目去说服投资人。这个需要你有前提条件，主要就是你的项目，想做的事情确实是一件好事，从头到尾怎么做，优势有哪些，劣势有哪些，要想得比较清楚。
>
> 现在中国的风投和基金非常发达，所以比较容易拿到钱。如果说这个项目拿不到钱，你只能拿自己的钱来做，那么你一定要有一个把握，在花多少钱之内，你能够把这个事情做出一点头绪来。等做出一点头绪来再去

融资这是第二种方法。大部分的项目，很难说一个项目是自己掏钱，从头做到尾把它做大的，除非是你用很长的时间来做。10年才有一定的头绪，那么你就要靠自己的原始积累了。但是在现在社会中，这样做风险比较大，你慢慢做的时候，别人拿一笔钱一下子就做到你前面去了，就把你的机会抢走了，所以尽可能用资本市场的钱来做事情。

同时你要有责任心，不要以为资本的钱不是你的钱可以乱花，有这个想法的人不管到什么时候公司都会倒闭。只有拿到钱以后当是自己的钱来花，精打细算，把钱用在刀口上，这样的人才会比较容易成功。所以，第一要和资本对接；第二要把事情当作自己的来干；第三要尽可能拿最短的时间，集合各方面的力量把事情做成功。因为现在这个社会的竞争已经容不得你去用3年、4年、5年尤其是8年、9年、10年，除非是个非常非常传统的行业，不然机会都很容易被抢走。

在俞敏洪看来，尽管自己接触创业者的时间很短，却能通过自己的方法快速判断一个创业者是否值得投资。

俞敏洪说："这就看眼光了。如果投的钱比较多，会组织一些活动让这些人充分表现自己，比如饭局、喝酒、郊游，都是考察才能的机会。"

为此，俞敏洪坦言：异想天开的人特别多，完全没有任何经验就要创业的这种人也很多，或者拿着商业计划书缠着你就想骗钱的人也一堆，这种人真的很多。我们这些人又不是眼睛瞎的，哪能随便给你钱啊，所以100份商业计划书，99份基本都被拒掉。

俞敏洪拒掉商业计划书的原因是，在自己接触了大量商业计划书后发现，至少七成甚至八成都是"伪需求"。

俞敏洪举例说："停车位的再利用问题，很多公司都在做这个事情，但是家里的停车位在我离开后通过App让别人来使用，我认为实际上是一个'伪需求'。"

在俞敏洪看来，O2O家教，老师、家长、学生做线上对接后，老师上门提供家教，这也是一个"伪需求"。

俞敏洪解释说："'伪需求'并不是没有需求，可能少部分人或特殊人群有这个需求，但是全部加起来这个生意也做不大，或者做这个生意花的钱比挣的钱要多。"

作为创业者，必须把事情做大了，这样的创业才叫伟大。俞敏洪再以培训为例，中国的培训市场足够大，但是创业者先要想用哪个切入点的问题就摆在其面前。

俞敏洪说："有创业者只要涉及传统行业就觉得丢脸，非要标榜互联网或智能制造的概念，这也是一个'伪概念'！"

俞敏洪的理由是，做线上培训就得与地面培训相比较，但凡哪个市场能够做得最大，创业者就先从哪个能做得最大的项目做起。俞敏洪断言，当前火爆的移动互联网，对培训起到一个补充作用。作为培训，这个生意一定是地面教育为主，再辅以线上教育的附加值。俞敏洪说："去年1年，新东方增加20亿元收入，证明我的判断。"

为此，俞敏洪告诫创业者，不要因为想去做"炫"的概念，而把"做得最大"这件事给忘了。究其原因，伟大还需要情怀来支撑。俞敏洪说，新东方突破100亿元收入用了23年，如果做房地产的话，也许两年的销售收入就可以达到100亿元。但是对于俞敏洪而言，做教育更有意义，原因是400万学生的前途更让他挂怀，所以他坚决不涉足房地产业务。

> "凡是想要创业的人,其实无论成败,你已经贴了一个标签,这个标签就是你不甘平庸。"

纵观改革开放后的历史,中国创业者都有一个共同的特征——不甘平庸。不管是1992年的创业派,还是2015年的"两创"时代的创业者,他们都在试图证明自己的经商才能。毕竟,创业离不开实现梦想的野心。

2015年8月12日,在望京SOHO样板间的"潘谈会"上,作为嘉宾的俞敏洪与到场创业者分享了自己对于创业的理解和想法。

俞敏洪说:"大家来到这个空间,一定不愿意做一个平凡的人,凡是想要创业的人,其实无论成败,你已经贴了一个标签,这个标签就是你不甘平庸。也许实际上你是平庸的,到今天为止我还觉得自己是一个平庸的人,但是你贴上不甘平庸这个标志,就一定能不断超越自己。"

俞敏洪解释说,创业者的不甘平庸包括几个要素:

要素一:理想。

作为创业者,理想是很重要的。俞敏洪直言:

理想绝对不是商业模式做成以后,就能够赚钱了。

赚钱是很重要的事情，任何商业模式到最终假如不赚钱的话都是死路一条。理想也不是一次形成的，比如你没靠近教育领域，就希望做耶鲁大学？还没有跨进培训领域，就说明天希望成为新东方？你连家里的房子都没盖好呢，就说下一个老潘是我？尽管我们不能一下子想这么大，但如果你有一个理想指引，并且步骤是对的话，这件事情就能够靠谱地做下去。我说的理想不是一个固定的、明确的目标，理想是一种心态。

要素二：勇于突破现状，突破自己。

对于创业者来说，要想创业，就需要突破现状。对于俞敏洪这一代创业者来说，突破现状就很难——他们当时全是好工作，俞敏洪在北大马上要评为副教授了，潘石屹当时也在国家机关工作。在稳定发展的岗位上要出来自己创业，这件事情需要巨大的勇气。

对于这一批创业者来说，突破自己的局限，远远不止这种稳定的工作变成非稳定创业那么简单，真正的突破在于突破心理上的局限。人是这样的，一个平时由于自卑胆怯或者某种心理问题，不愿意去突破自己的人，往往一旦突破就是"大手笔"。

犯罪心理学研究显示，有些杀人犯的特征就是平时特别自卑，什么都不肯做，老被人欺负，最后被欺负急了，一时失去理性，反戈一击，就杀人了。

对此，俞敏洪深刻地意识到，我们生命中的很多东西之所以难以突破，是因为我们缺乏那个勇气，这可以从他大学时的两个例子来看。

在大学期间，俞敏洪做了四件事情：第一是读书，第二是交友，第三是参加学生活动，第四是要谈恋爱。

对于第一件，俞敏洪做得非常不错，读书只要一个人读就行。在交友方面，俞敏洪发现一个诀窍，只要他愿意请人吃饭，很多人愿意和他交朋友。

在做新东方前，由于俞敏洪很好面子——但是后来就不在乎了，比如学生活动，有无数可以跳上台竞选的机会，但他一次都没敢上台，而现在到哪个台上都敢讲一讲，完全是天上地下的差别。就这样，俞敏洪放弃了在北大参加各种学生活动的机会，所以人家有一句话：我们在北大搞艺术团，一个是团长，一个是指导老师，上面风光无限，俞敏洪就是躲在台下的一个观众而已。

为什么不上台，俞敏洪觉得自己的普通话不好，人长得也不好看，所以担心上去被人刷下来没面子，同学们会说，俞敏洪那么土，明明知道自己选不上还要竞选。

对于这段经历，俞敏洪曾说，没有人在乎别的人失败，任何人只在乎自己的失败。所有周围的人只会在乎你的成功，没有人在乎你的失败。所以你失败以后，你自己觉得很丢面子的时候，其实在别人眼中是一个视而不见的事情，只有你成功才会变成万众瞩目。为什么我和老潘大家都过来，我们某种意义代表了所谓的成功人士，你知道我们背后有多少失败吗？不知道。

对于第四件事情——谈恋爱，据俞敏洪回忆，他在北大整整七年时间，前后却有一模一样的心理状态，他追任何一个女孩子都会被拒掉，而且还被留言，说"俞敏洪那头猪敢追我"。

与其让她们议论，俞敏洪自己干脆不追了，这样可以避免被拒绝。

其后，俞敏洪创业时，不得不去北大贴广告。于是，他晚上贴广告招生，白天上课。

为了防止被学生认出来，俞敏洪穿着军大衣。即使是新东方成立，他依旧穿着军大衣，戴着墨镜、口罩，还有帽子。

越是这样做，俞敏洪贴广告时，反而越会引起学生围观。要命的是，俞敏洪被他们认出来了：这不是俞敏洪老师吗？怎么伪装成这个样子？俞敏洪回答说："贴广告，现在从北大出去要招生。"

学生马上把俞敏洪的广告抢过去，帮他贴，一天三次，因为学生吃饭的时候看广告最多。新东方成立以后，都是俞敏洪原来北大的学生帮他贴广告。刚开始俞敏洪不可能给他们任何回报，到后来就能给他们相对丰厚的工资。

俞敏洪总结说:"这个事情就是,只要你把面子放下了,什么都可以,比如你们现在要钱,很多项目向我要钱,被我拒掉就不来了。其实有的项目,可能我拒掉还在犹豫之中,后面还有几个好项目,干吗要投你呢?所以拒掉特别正常。但是你就不来了,不来我就把你忘了。"

俞敏洪称,在投资的过程中,他遇到过各种各样的创业者,比如有人会说:"俞老师,你可以说我这个项目不好,也可以不投我,但是你作为创业界的长辈,能不能给我一点指导,这个项目到底哪儿有修改的余地?"

面对这样的创业者,俞敏洪通常都会写一两句话。创业者照着俞敏洪的建议去修改、去想了,再过来,这是有进步的。对此,俞敏洪说道:

> 所谓的不甘平庸,不是突破一个现状,更多的是突破你自己,你要把全新的自我弄出来。

要素三:需要寻找创业的榜样。

作为创业者,最好寻找一个标杆来作为自己的榜样。俞敏洪坦言:"我小时候的榜样是徐霞客,他家就在我家边上,他是江苏江阴的,我从小到大最大的梦想就是周游全世界。我现在旅游的地方比老潘多一些,你的榜样非常重要。"

在俞敏洪看来,作为创业者,自己的榜样非常多,老潘、柳传志都是他的榜样。

总而言之,作为创业者,可以找商界人士作为榜样,也可以找政治人物作为榜样。俞敏洪举例说道:普京为什么能把俄罗斯做到今天,因为他从中学开始就喜欢上历史,当他喜欢上历史以后,他找的唯一榜样就是彼得大帝。彼得大帝是把俄国从封建农奴制转化成现代主义国家这样一个大帝,圣彼得堡就是彼得大帝从沼泽地里造出来的一个城市,所以人是需要有榜样的。

要素四:要把自己变成领袖。

俞敏洪认为,要想创业成功,在创业过程中就需要把自己变成领袖。原因是,在这个世界上,如果创业者把自己当作一个普通人,通常是很难创业成功的。

俞敏洪坦言,大部分创业者在创业的过程中,要让自己逐渐具备有眼光、有格局、有决策能力的领袖气质。从这个角度来讲,领袖是可以培养出来的,不一定是天生的。对此,俞敏洪认为,领袖气质有如下几个定义:

第一,能够用理想引领大家,用理想的光辉照耀大家。

作为创业者,如果只是为了创业能赚大钱,几年能够财务自由,这样的领导力绝对称不上领袖气质。俞敏洪直言:"有人挖新东方的人的时候,如果他说的话是'你出来以后保证三到五年实现财务自由,变得跟俞敏洪一样',我立刻跟他说,'你千万别去,这种人绝对不可能让你财务自由'。你要告诉人家我们做这件事情,五年、十年以后会具备多伟大的意义。也许事情是小事,但是能做出意义来。"

俞敏洪举例,新东方曾组织参观日本的一个作坊,这个作坊已创办400年了,到如今依然是一个小作坊。

该企业的主营业务很窄,只做鹿皮的制品,而且全是手工做。由于是手工制作,该店的订单已经排到十年以后。一些人很好奇地问,既然拥有如此多的订单,为什么不机械化完成这些订单?这样一下子就能赚十倍,还能上市,市值好几百倍。

该店的店主回答说:"我们就是坚守,坚守的就是品质,坚守的自己有限产出,无限品牌。"此事给俞敏洪极大地震撼。事后,俞敏洪评价道:

> 明白这个意思吗?他也有意义啊,他400年做到今天还是40个工人。其实所谓的有意义不是把公司做成像××那么大,而是这件事情本身给大家带来了终生的价值,这是领袖气质必须建立的一项。

第二就是建立格局。

作为领袖,要有大的格局观念,没有格局观念是干不成大事的。

作为开国领袖的毛泽东为什么能够被推为共产党的领

袖？原因是，毛泽东有解放全中国的宏伟目标，并且有解放全中国的方法，他不仅仅是一个军事学家，更是一个有大格局的政治家。

因此，在创业过程中，作为创业者，必须要用人，有用人的方法。在很多家族企业中，其合伙人通常都是哥们儿，甚至没有谁是领导者的概念。

面对这样的情况，俞敏洪认为，这样的公司一般都会倒闭。俞敏洪的理由是，由于是一帮哥们儿创业，在这个公司最终决策上面谁说话都不算数，这肯定是有问题的。

俞敏洪举例称，老潘的第一个团队为什么散？某种意义上就是谁说话都不算数，每个都是很好，老潘，王功权，还有冯仑……每一个都是英豪，一批英豪聚在一起，又缺乏一个真正意义上的头儿，就会有问题。他们出来以后每个人都干了一个巨大的事业。

俞敏洪分析新东方为什么能够成功，得出的答案是：新东方是俞敏洪一个人先干了整整3年，其后，他到美国去把徐小平、王强找回来。此刻的新东方，其年收入已经到达5000万元了，他们尽管回来，没人看得起俞敏洪，因为在大学的时候他们在班上是团支部书记，俞敏洪又那么土，他们在美国读了七八年的博士、硕士又回来了，看不起俞敏洪太正常了。但是有一点好处，俞敏洪已经奠定了天生的新东方第一创始人的地位，大不了俞敏洪把股权让给他们，让这个位置。

基于此，俞敏洪认为，自己不是个天生的领袖，是这个机缘——新东方前三年就是俞敏洪一个人干，所以新东方还没有把他替换下去。但俞敏洪想说的是，这个过程中间，比如有王强、徐小平，还有外圈像老潘这样的朋友，创始人必须能察言观色，通过他们的谈话，学到好多东西，以至于在领导一个企业发展的过程中，清楚什么该做，什么不该做。

"定估值要长远考虑,每一轮要比上一轮高。"

前不久,一个企业家论坛邀请作者去主讲"突破中小企业的融资瓶颈",在场的企业家激情昂扬地介绍了创业者在融资时应该把估值要到最高,这样可以讨价还价。

此观点一出,立即引来了无数创业者的认同。随着中国创业市场估值正在理想回归,创业者如果真想顺利地拿到投资,俞敏洪提醒创业者道:

> 在企业早期不要太追求高估值,有很多项目到C轮估值远远低于A轮和B轮,最后导致没有人投了。定估值要长远考虑,每一轮要比上一轮高,要为未来留有余地。

俞敏洪举例说,以前洪泰基金一个项目要投600—800万元才能拿到20%股份,现在300—400万元拿到同样股份,即便这样也比美国硅谷的创业项目贵出至少一倍。现在A轮融资,美国一般都在20—50万美元。

俞敏洪的观点得到了拉卡拉公司创始人孙陶然的认可,

孙陶然说道:

拉卡拉基金每天都会收到很多项目计划书,我给自己的要求是,对所有看起来靠谱的项目一定要第一时间亲自见一见创始人,以便判断是否继续向前推进。一年下来,见了很多创始人,我发现绝大多数创始人都希望把自己的估值定得越高越好,这其实是一个非常错误的想法。

孙陶然回忆道:

我自己早年也犯过同样的错误,拉卡拉的B轮融资融了半年多,就是因为出门之前,我认为董事会建议的估值偏低,我堂堂老孙做的公司怎么可能估值如此呢?是不是瞧不起我呀?于是把估值提高了一倍作为报价。我见的前几个都是非常著名的投资人,他们对我以及对拉卡拉都非常感兴趣,但是觉得估值偏高,问估值可不可以讨论,我当时信心满满都婉拒了,结果发现后面再见的投资人也都犹犹豫豫,而且越往后见的投资人知名度和影响力越低,也越难谈,因为中国的风险投资其实都是"跟风避险基金",都是买涨不买跌的,看到你见了很多投资人都不投,他们也不敢投。前前后后用了半年多还是定不下来,最后还是朱立南先生亲自出手,才完成了 B 轮融资,最终的估值还是最初董事会建议的估值而不是我自己提高的估值。所以,后面几轮融资我就吸取了教训,主动设定公道的估值,甚至在被'哄抢'时也坚持可以多融资但是不涨价,结果拉卡拉后面每一轮融资都非常快,2015 年最后一轮 15 亿人民币的融资,从出门到钱入账也只用了两个多月。

通过此次教训,孙陶然悟出一个道理,也是当初雷军告诉他的,那就是,作为创始人,在经营公司时很多人都奉行一个原则:让合作伙伴超出预期,让用户超出预期。因此,在创业过程中,合作伙伴期望赚 1 元,创业者如果总是希望让合作伙伴赚 2 元,创业者自己能够赚 10 元,主动地让利赚 7 元就够了。

在融资的过程中,其道理也一样,创业者应该让投资人超预期。如果投资者的心理价位是估值 1 亿元,一旦 8000 万元成交,那么投资者应为做出这样的投资决策开心。

反观创业者,8000 万元估值与 1 亿元,其实最终一旦创业企业成功了,其差别没有多大,即使创业企业最终失败了,其差距也很小。

可能读者会问这是为什么?孙陶然的答案:

> 对投资人而言,估值和风险是密切相关的。估值越

高意味着风险越大,所以投资人希望估值低一些并不是希望多赚一些,而是希望降低一些投资风险,所以,对于早期项目,投资人会非常在意估值,而晚期项目因为风险已经很低,所以投资人对于估值反倒不会斤斤计较。而对创业者而言,做成是100,做败是0,所以首要的是把公司做成。如果做成了,自己的持股比例被多稀释10%还是少稀释10%其实并无关痛痒,更何况,即便是早期融资创始人的股份被稀释多了,如果企业做成功,总有办法让创始人增持的,通情达理的投资人也会支持这些做法。

对此,孙陶然告诫创业者说:

> 挣了钱分钱的时候,多分一点少分一点是"人民内部矛盾",挣钱还是赔钱是"敌我矛盾",聪明的创业者应该首先解决能不能拿到钱发展业务问题,而不是斤斤计较估值。

众所周知,融资并不是把公司卖掉,如果是卖公司,当然估值高是第一目标。在孙陶然看来,创业者对外融资,这仅仅是创业企业发展的开始。

当然,一旦融资到位,这才是对创始人全新大考的开始。

原因是，此刻的高估值相当于对自己的成绩设定了较高的标准。如果原本可以做到90分，那么投资人和创始人都很高兴。当然，原本的90分，创业者也很可能做成60分，这会让投资人和创始人都若有所失。

对此，孙陶然解释说：

> 虚高估值会吓跑优秀的投资人。优秀的投资人不会认同虚高的估值，甚至不会认同虚高估值心态的创始人。接受高估值的往往是次优秀甚至不优秀的投资人，他们因为抢不到更好的投资机会，甚至是因为不懂和不专业，才会接受被虚高的估值。这样的投资人进入公司，对于公司的长期发展是有害的，企业发展一帆风顺时还好，一旦遇到大风大浪，不优秀的投资人对企业发展的危害必然会显现，而企业发展遇到大风大浪又是必然的。

随着企业的发展规模的扩大，融资越来越频繁。当本轮融资的估值虚高时，必然推高下一轮估值，这就人为地制造了下一轮的融资障碍。此刻，本已虚高的企业估值，就再难找到新的投资人。而一旦融不到下一轮资金，企业就会因为缺乏现金流而陷入困境。

孙陶然评价说，不同的投资人对创业公司影响非常大。对于创业公司而言，最需要的不是钱，而是找方向和找人。美国之所以创业环境好,是因为有很多天使投资人,他们在投资了之后会进入董事会,会手把手地教创业者制定战略,管理公司,以及为公司嫁接资源,这些,对于创始公司而言比钱要重要得多。不论是谷歌,还是脸谱网,或者是苹果,创业过程中都有硅谷非常出色的天使投资人投资并共同参与创业,这些投资人是"创业者"背后的"联合创业者",是这些伟大公司得以成功的关键。

对于当下的很热门的创业者能不能找到这样的投资人问题,孙陶然的观点是,对于初创公司而言,钱和钱差别很大,尽可能选择那些由懂企业的人管理的基金是第一考虑因素,哪怕估值低一些。

此外,孙陶然认为,创业者在融资时,要尽可能做到"三点":时候早点、规模小点、价格低点。孙陶然直言,这些技巧是融资的窍门。孙陶然提到,尤其是估值,不虚高估值,甚至把估值打折给出公道价,既可以加快融资速度早点拿到钱干正事,也有利于找到优秀的投资人,扩大自己"联合创始人"的实力。

第五部分
创业时间可缩短,过程却不可跨越

创业者把自己的小公司慢慢做成一个大公司，可能会花十几年，可能会花五六年，甚至三四年，时间可以缩短，这并不意味着你的能力可以缺失，也并不意味着你可以越过创业这个过程。这个过程中，你的创业逻辑、商业敏感性、客户忠诚度以及发现客户的能力、团队建设能力……所有这些东西你可以缩短，但绝对不可能越过。

——新东方创始人　俞敏洪

第五部分　创业时间可缩短，过程却不可跨越

> **"创业其实就是循着正道，循着你的目标，时间可长可短。"**

在创业过程中，很多创业者总想"三年超英，五年赶美"的"大跃进"式发展，创业者一旦这样做，可能把创业企业引入迷途。对此，俞敏洪说道："创业者把自己的小公司慢慢做成一个大公司，可能会花十几年，可能会花五六年，甚至三四年，时间可以缩短，这并不意味着你的能力可以缺失，也并不意味着你可以越过创业这个过程。这个过程中间，你的创业逻辑、商业敏感性、客户忠诚度以及发现客户的能力、团队建设能力……所有这些东西你可以缩短，但绝对不可能越过。"

在俞敏洪看来，创业企业发展到一定规模，通常需要循着创业者的目标，才能做强、做大。在这个过程中，创业者的压力是非常大的。俞敏洪说："这两天大家在创业界传的最多事情的就是春雨医生的张锐因为心肌梗死去世了，引发了大家对于创业、压力等很多讨论。这件事情我觉得确实跟我们这两年鼓动年轻人拼命创业，创业者自己前面有事业的拉动，后面有投资者的敦促，弄得身心疲惫、非常紧张有关系，也跟我们现在创业环境中间急功近利，恨不得一天就能成功这样的一种心态有关系。我和不少创业者打过交道，都是身心疲惫的感

觉，尤其是这种心理上的紧张程度，已经到了创业者比较难以忍受的状态。"

俞敏洪补充说："原来政府鼓励创新创业的时候我觉得这是一件好事，但是当'大众创业　万众创新'这句口号喊出来的时候，有点变成了一句口号、变成了一个运动，我最怕在中国什么东西都变成一个运动。创业创新这两件事情毫无疑问是伟大的，因为任何国家、任何企业、任何团体要是离开了创业和创新这两种精神，毫无疑问将没有活力、没有进步、没有突破、没有颠覆、没有成长。"

俞敏洪认为，当我们把创业创新变成一句人人都能喊的口号，以至于不分人群、不分群体，把所有人都忽悠到所谓创业创新的渠道来的时候，这里面就形成了很多问题。仅举两个：

问题一，资源的浪费。俞敏洪解释说："大家都知道政府投入了大量的资源，像我们这些已经算所谓的功成名就的企业也投入了不少资源和精力。但实际上创业是有规律的，创业是有一定的时间、一定的空间和环境的限制的。我们看到过去两年之内中国成立的几十万家创业公司，现在真的还有活力的还有前途的公司，我估计应该能数得清楚了，能到一两千家就了不起了。我们也可以看到曾经轰轰烈烈可以达到几百亿或者上百亿美元估值的公司，现在有些公司只有原来估值的十分之一，我觉得这十分之一的估值才是某种意义上理性的估值。"

第五部分 创业时间可缩短，过程却不可跨越

问题二，造成了人才的浪费。俞敏洪解释道："很多创业的年轻人其实进一步深化自己，或者进一步让自己在人生经验、做事情的判断力、决策方面更加成熟的话，出来创业会更容易成功。我们50岁左右的这一代创业者，算是中间层靠下一点的创业者，也是现在中国民营经济创业者中成功的最主要的典型代表。所有现在真正成功的大的创业公司，基本上是40岁到55岁的这么一批人。"

在俞敏洪看来，"大家都在讨论这个现象，但是实际上我们这些人中的百分之八九十在创业前都是有过五六年甚至七八年的工作经验，同时大部分人创业也不是一次成功的。大家最喜欢讨论的马云，其实阿里巴巴是他的第五个公司，正是因为他前面没有做成所以有了后来的阿里巴巴，有了今天接近两千亿市值的公司，而我做成了，所以小富即安"。

在俞敏洪看来，"创业这件事情是否成功，跟国家的政策形势相关，也跟整个世界的经济形势和中国的经济形势相关，同时更加跟个人的能力相关。而个人的能力的储备是非常重要的。创业这件事情我认为不管你是急功近利的心态，还是每天24小时拼了命的干，最后把自己干没了，也是不一定管用的。所谓过程可以加快，但是过程不能越过这件事情大家应该是能够明白的"。

俞敏洪举例说："我当初要跟政府接触，做新东方的时候，真是从居委会的老太太开始，再到街道办事处，再到海淀区教

育局，再到海淀区政府，这中间用了七八年的时间才认识了我该认识的所有可能给我支持的从居委会的老太太到海淀区政府的领导们……在座的各位创业者可能不需要，因为政府全力以赴支持，只要你的公司估值一超过三亿、五亿人民币，可能政府领导找你来了，让你留在这，可能只要一年两年时间，政府领导就会关注到你，但是你跟政府的良好关系以及政府到底能为你这个公司做些什么，并且在合情合理合法的范围之内，能够跟政府联合起来共同做好事，这件事情你是跨越不过去的，你不能说我不需要政府，不需要认识政府领导。"

然而，很多创业者却贸然盲目加速，人为地给自己带来压力。为此，俞敏洪说："自己既有成功的喜悦，同时又在为社会提供优质的有价值的服务，我觉得这样才是创业者的压力。多少人都困在自己的急功近利中间，盯着那个仪表盘，每一英里都充满着焦躁。不管目标在哪里，你一定要给自己充分的休息时间和加油时间，随时随地在你还有余力的时候增加你的力量。"

基于此，俞敏洪告诫创业者："我只想告诉大家，创业其实就是循着正道，循着你的目标，充满耐心地、补充好能量地、组建好团队地、防范好意外地一路前行，不要放弃，也许最后你就做成了，时间可长可短。"

在俞敏洪看来，"创业绝对不是创业，而是功夫在诗外，或者说功夫在学外。我相信我们这些人创业成功跟我们年轻的

第五部分 创业时间可缩短,过程却不可跨越

时候大量地读书,大量地交友,大量地游历,大量地学习,做过一线员工很长时间都有关系。现在的创业者想的就是创业,干的就是创业,所有后面这些东西不少都是缺失的。所以我希望在座的创业者认真地想一想,什么叫作'功夫在学外',或者'功夫在诗外'"。

> "创业者只有亲力亲为、以一当十才可能成功。"

在创业阶段,作为创业者,由于诸多条件的限制,缺乏资金、技术、人才,所以"创业者只有亲力亲为、以一当十才可能成功"。

对此,俞敏洪在接受采访时说:

> 凡是白手创业的人,都会对细节非常在意。据我所知,史玉柱对自己的要求是把网络游戏的细节做到"变态"的地步。关键的问题是,一旦放权之后,你必须要从细节中超脱出来,不要越位去和别人抢权。这种情况以前出现过,下属们对我也有意见。我已经学会了从具体事务中"自拔",比如今天在长春召开新东方分校校长会议,我拒绝了邀请,没有过去。如果我去了,我的讲话会影响其他高管的决策。
>
> 读EMBA对我没有任何意义,我手下的高管有博士也有EMBA,财务报表有CFO帮我打理,数据分析有人帮我解读,我觉得我不需要再沉浸到那种具体的操作与管理中。专业的事情让专业的人去做,现在的新东方有

这样的能力。我是董事长兼CEO，我的管理应该立足指导层面，而不是应用层面。战略设计不是学EMBA能学到的，我一直想读个哲学、社会学、教育管理、伦理学之类的学位。

新东方如何才能活得好？要做国家教育拾遗补阙的事情，不要和国家教育去抢饭碗，比如学前教育、课外辅导、英语培训这些都是为了和国家教育打配合。

经营企业，如果看不到细节的话，也会很糟糕。问题在于，你是插手到细节里面，让系统瘫痪，还是发挥系统的作用，把自己从细节中超脱出来？对于我来说，大部分细节事务都能够超脱了，假如我办公室的电灯坏了，我还会去鼓捣鼓捣，因为好奇好玩。

在很多企业家论坛上，当企业家们谈及事必躬亲时，往往出现两个声音：

第一，赞同。为什么会赞同企业家事必躬亲呢？这个主要是在家族企业初创时期，由于要维持客户的满意度，不得不提高产品和服务质量，这就会造成家族企业创始人大事小事都会过问，这样才能保证家族企业的生存和发展。赞成这个观点的企业家以宗申摩托车科技开发有限公司创始人左宗申为代表。

左宗申第一次登上胡润百富榜是2001年。这一年7月，宗申集团借壳成都联谊，令其身价倍增至20亿元，位列百富榜第19位。客观地说，在摩托事业上，左宗申更专业。

左宗申，1952年出生于上海。1958年，左氏一家人从上海迁往山城重庆。而"文化大革命"中，左宗申像无数中国青年一样在农村接受劳动锻炼。"文化大革命"结束后，左宗申返城在重庆瓷厂当了一名烧窑工。

20世纪80年代初期，由于中国刚刚开始实行改革开放，一大批工人在创业大潮中下海经商了，而左宗申就是其中的一个。左宗申辞去了当时被视为"铁饭碗"的重庆瓷厂的正式工作，迈出了创业的第一步。

刚下海的左宗申并没有什么好的创业计划，只到河北、山东等地销售武侠小说、做水果生意、倒腾服装等。然而，让左宗申没有想到的是，下海经商比自己预想的还要难许多。当左宗申卖水果时，遇到了非常糟糕的天气，他采购的水果差不多都烂在运输的路上。而左宗申倒卖服装时，又被骗了。可以说是"屋漏偏逢连夜雨，船迟又遇打头风"，此刻的左宗申甚至连回家的路费都没有了。

尽管屡受挫折，左宗申径妻子的多次劝说，开始跟着大舅子学起了摩托车维修,与摩托车结缘。1982年,干练的妻子把娘家位于巴南区王家坝一间临街的住房当成维修门店,同时在店外用牛毛毡搭了一个能遮阳避雨的小棚,作为左宗申摩托车维修的作坊。

1990年,一次偶然的机会改变了左宗申的"赛道"。受一位贵阳的朋友委托,左宗申到重庆南岸五中校办摩托厂为其购买一辆三轮摩托车。在那里,左宗申发现校办工厂的生意很好,学校周围的旅馆都住满了等待提车的人。经过多方打听,左宗申弄清楚了需要排队等候的原因。原来是发动机的货源很紧俏。左宗申想:修理摩托车发动机自己轻车熟路,为何不自己组装几台呢?左宗申将自己的想法告诉了校办工厂的厂长,同时得到了厂长的赞同。几天后,厂长亲自到巴南区左宗申的家中订购了一百台发动机。

这一次偶然的机会让左宗申发现了商机,由此完成了自己创业的第一桶金。

两年后,左宗申攒足了20万元,又筹措了30万元,成立了重庆宗申摩托车科技开发有限公司,开始了真正的摩托车配件与整车的生产。

1994年、1995年两年,随着中国摩托车的普及,带动了发动机市场的良性发展,生产发动机的企业几乎都赚得盆满钵满。宗申公司也迅速完成了资本积累。

在创业过程中，左宗申的一个特点是事必躬亲。一年中经左宗申签发的设计图就有1万多张，他还要参与评审零部件、产品设计、部署营销等，每一款摩托车上市前都要试骑。左宗申认为，第一代企业家必须事必躬亲。

之所以坚持这样的观点，源于2000年后左宗申引入职业经理的一次失败经历。左宗申期望管理社会化，招聘一批职业经理人，结果"水土不服"都离开了，使宗申集团走了一定的弯路。这无疑固化了左宗申之前的想法：中国所谓的大企业，除去垄断行业，其实都是很微弱的中小型企业，照搬职业经理人制度行不通，企业家必须事必躬亲才行。

第二，反对。为什么会反对呢？这个主要是因为当家族企业达到一定的规模，如果家族企业创始人再事必躬亲的话，不仅会阻碍家族企业的发展，还会打击家族企业管理者的责任心和工作激情。

研究发现，事必躬亲这种做法不适用于大型家族企业的管理，也是家族企业的老板和高层容易犯的毛病。《韩非子》中就非常反对这样的做法，第五篇《主道》："道者，万物之始，是非之纪也。是以明君守始以知万物之源，治纪以知善败之端。故虚静以待，令名自命也，令事自定也。虚则知实之情，

第五部分 创业时间可缩短,过程却不可跨越

静则知动者正。有言者自为名,有事者自为形,形名参同,君乃无事焉,归之其情。故曰:君无见其所欲,君见其所欲,臣自将雕琢;君无见其意,君见其意,臣将自表异。故曰:去好去恶,臣乃见素;去旧去智,臣乃自备。故有智而不以虑,使万物知其处;有贤而不以行,观臣下之所因;有勇而不以怒,使群臣尽其武。是故去智而有明,去贤而有功,去勇而有强。君臣守职,百官有常,因能而使之,是谓习常。故曰:寂乎其无位而处,漻乎莫得其所。明君无为于上,君臣竦惧乎下。明君之道,使智者尽其虑,而君因以断事,故君不穷于智;贤者敕其材,君因而任之,故君不穷于能;有功则君有其贤,有过则臣任其罪,故君不穷于名。是故不贤而为贤者师,不智而为智者正。臣有其劳,君有其成功,此之谓贤主之经也。"①

谈到事必躬亲,那么什么是事必躬亲呢?所谓事必躬亲就是指不论什么事一定要亲自去做,亲自过问,一般形容办事认真,毫不懈怠。而事必躬亲这个词语最早出自唐朝张九龄的《谢赐大麦面状》一诗中,具体是:"伏以周人之礼,唯有籍田,汉氏之荐,但闻时果,则未有如陛下严祗于宗庙,勤俭于生人,事必躬亲,动合天德。"

从事必躬亲的解释中不难看出,作为家族企业创始人,如果要想把家族企业做强做大,甚至是基业长青和永续经

---

① "主道"即是做领导的方法。

营,不需要事必躬亲,而必须懂得授权。因为对于任何一个企业来说,要想做大、做强,其中的各级管理者,尤其是高级管理者就必须是一个懂得授权、愿意授权并且掌握授权艺术的人。

作为家族企业创始人,必须懂得授权。试想一下,家族企业创始人如果每天都陷入事务性工作当中,凡事事必躬亲,亲力亲为,那么就没有时间来思考企业的发展战略,更何况由于诸多管理信息往往都不对称,提升家族企业的业绩无疑就是一句空话。

在欧美等西方国家中,企业管理方面就非常强调授权管理,并且把授权管理和培养人才联系起来,将其视为对企业管理者综合考核的一项重要内容。对此,时任欧洲SAS航空公司总裁杨·卡尔松(Yang Karlsson)在接受媒体采访时就说过:"如果我休假4周,没接到公司来的电话,就证明我成功了,说明员工接受了责任并开始决策,反之我失败了。"

从杨·卡尔松的回答可以得知,欧美等西方国家企业管理者对授权管理的认识还是非常透彻的。不可否认,欧美等西方国家企业的这种管理思想让很多公司特别注重后续人才的培养,而后续人才培养的主要手段之一就是授权。

在欧美等很多企业的平稳发展进程中,很少出现因为董事长或者CEO的去世或者离职而引发企业动荡的现象。比如,苹果创始人史蒂夫·乔布斯去世后,苹果公司在新任首席执行官蒂姆·库克（Tim Cook）的带领下，继续创造着苹果的辉煌业绩，并将苹果公司带入最受人尊敬的公司行列。

然而，在中国，在"家族企业长盛不衰的秘诀"培训课上，一个家族企业老板说："周老师，我是企业的船长，不怕您笑话，如果有一天我出了意外，我们企业的几千个员工就吃不上饭了，我的压力很大。"

不过，这位家族企业老板在讲这番话时，只是在阐述自己个人的能力，却丝毫没有意识到潜藏在深层次的危机。这可能就是中国大部分家族企业"短命"的一个根源所在。

> "创业不能跟风,要坚持自己的理想并全情投入。"

在"春光里·豹变 2018 产投家峰会"上,俞敏洪以《创始人领导力的代际进化》为主题发表了自己的看法:

我刚才说的那句话是很真诚的,你在选择任何一个行为的时候,一定要考虑到如果你不做这件事情在做另外一件事情,是不是有更好的结果。包括你现在选择创业的时候,因为中国创业有一个特别巨大的问题,就是"跟风"。坚持做一件自己特别喜欢、特别痴迷,并且想把它做出来(的事),这样的人其实非常少。这就是为什么出现几千家 P2P 公司倒闭的原因。

一说 O2O,就会出现上千家 O2O,最后几乎一家都不剩,除了美团做得特别牛。王兴真是一个伟大的创业家,因为他是认定了自己的事情,永不放弃,这才值得钦佩。每个人的成功是需要有一种气质的。比如李斌,有一次我们到戈壁沙漠徒步,3 天 120 公里,每天 40 公里,因为器材太重了,我们找车给我们背,我们只背着水。但是李斌不仅全身装备都背着,他还装了 5 块板砖,每块板砖接近2公斤,背着接近30公斤的装备,三天走完120公里,而且走了第一名。所以我就知道这个家伙做事情没有不成功的,我想我自己能不能做到?我做不到。

所以当他说做蔚来汽车的时候,我毫不犹豫给了他三千万美元。我说"丢了我也认了",但是赚了对于我来说就是跟了一个伟大的创业家在做事情,所以创业家是有标志的,不是像你们一天到晚去听演讲做出来的。

在俞敏洪看来,中国创业存在一个巨大的问题就是跟风。俞敏洪解释说:"很多人抱着别人做了我也做一个,说不定我比别人做得更好(的想法),其实你对这个行业,对这个事业根本就不了解,或者根本不喜欢就开始做了。最后的结果,即使你拿到了投资,这个钱死掉的也多于活下来的。"

俞敏洪告诫创业者:"大家跟风的程度已经到了不考虑到公众真正的需求,只要拿到钱就开始干。"

为此,俞敏洪举例说:

商业模式要独树一帜,不要跟风,差异竞争。比如说最近的外教口语,现在中国有300多家外教口语公司做线上英语口语辅导,这确实是一个很大的市场。但如果那么多人去跟风,能不能取胜就成了问题。为什么不去寻找一个可能还没有人做的,或者做的人比较少的,或者还没有打开的,或者现成可以颠覆的商业模式来做。

拿新东方来讲,用了三年的时间才打拼成中国最大的外语教育培训机构,这是我们打法差异化的结果。对手天天推广告,而我天天办讲座;对方做宣讲会,我给学生上课。高科技发展下,差异化的竞争越来越复杂,静下心来想一下,怎么用最省钱的方法把客户挖过来?

在"家族企业长盛不衰的秘诀"培训课上,一个学员非常得意地介绍了他的投资经验。他说:"周老师,现在的投资环境都不好,我发现了一个项目投资的好办法就是哪行赚钱就做哪行。"

这样的创业者比比皆是。其实,在做强做大企业的道路上,一些创业者也在竭力地想把企业做强做大。然而,一些创业者总是想投机取巧地走捷径——只要哪行赚钱就把创业项目立在哪行。殊不知,创业者这样做的结果是,看似诱人的市场和低门槛的投入,却造成了诸多的跟风投资,结果栽了一个大跟斗。

在2007年初的北国冰城——哈尔滨,春天似乎比往年来得要晚一些。

曾经在哈尔滨这个北国之地遍地开花的香辣鸭脖子店就如同这样的天气,暂时没有转暖的迹象,而且还在这寒冷的春天如同多米诺骨牌一样，接二连三地倒闭关张了，几乎关门了一大半。

香辣鸭脖子店在哈尔滨这座城市，从开第一家店开始，就如同热浪一般席卷整座城市，而后就是莫名的沉寂。

可能读者会问，在哈尔滨，香辣鸭脖子店到底出什么问题了？

研究发现，香辣鸭脖子店在哈尔滨这座城市采取的是以加盟形式开店。

在连锁业界，加盟方式往往成为快速做大的一种模式，而这种模式同样存在一定的风险，这个风险就是"同质化"。

香辣鸭脖子店同样出现这个问题，而且其模式与"爆烤鸭""掉渣大饼"大致相同。由于人们缺乏专业的投资常识，看着香辣鸭脖子店火爆异常，纷纷加盟，结果就使一些创业者投资失败。针对此问题，一些创业者纷纷提醒创业者或者想创业的人，在选择投资项目时一定要慎重。

根据多方了解，在2005年，在哈尔滨开了第一家香辣鸭脖子店。由于香辣鸭脖子的风味特色，再加上这一特色饮食在黑龙江省会哈尔滨仅此一店，食客络绎不绝，生意异常火爆。

尽管当时每根鸭脖子的价格偏高，达到每根5元，然而，对于那些急于尝鲜的消费者而言，价格不是问题，排队也不是问题，关键是要尝尝南国的风味。

这样火爆的情况大约持续了两个月。一些精明的创业者看到了商机，也纷纷开始加盟香辣鸭脖子店。

就这样，香辣鸭脖子之风在哈尔滨刮了起来并开始风靡整个哈尔滨。可以说，在哈尔滨这座城市的大街小巷，处处可见到香辣鸭脖子店，在最火爆的时刻，在一条街上就可以看到四家店。

然而，购买香辣鸭脖子的消费者毕竟是有限的，开的香辣鸭脖子店却越来越多。再加上混乱不清的香辣鸭脖子品牌，竞争随之而来。

在这场香辣鸭脖子的竞争中，由于各家香辣鸭脖子店加盟的品牌不同，导致在香辣鸭脖子市场上，不同品牌的鸭脖子也都拉开架势，准备大干一场。

事实上，众多的香辣鸭脖子品牌店，比如武汉鸭脖子、精武鸭颈王、菜双扬鸭脖、久久鸭颈王等都想尽可能占据较大的市场份额，于是大多数香辣鸭脖子店都打出了"最正宗武汉鸭脖子"的招牌，其市场竞争形势非常惨烈。

这样的竞争持续了1年，到2006年下半年，尝鲜的消费者数量开始下滑。当然，这也预示着香辣鸭脖子风在冰城哈尔滨开始衰落。

在一些街道上，曾经火爆的场面已经一去不复返，

第五部分 创业时间可缩短,过程却不可跨越

曾经一条街道上有四五家鸭脖子店的情况不复存在,甚至一些香辣鸭脖子店由于长期亏损而开始关门,有的店面开始转项、出兑。

在哈尔滨的新阳路,一家鸭脖子店已经转项了。老板林立春介绍,他是在 2006 年初开店的,听人说只需交 2 万元的加盟费、租间房子就行了,而且每天的销售额挺大的,一个月能有几千元的收入。①

然而,让林立春没想到的,刚加盟就出现了"全市都开店"现象,市场受到了极大冲击,生意一天不如一天,最惨淡时一天的销售额只有十几块钱,见越来越多的同行都关门了,林立春也只能闭店了。②

造成香辣鸭脖子店大规模倒闭的一个原因,就是"盲目跟风,哪行赚钱就做哪行"。同样品牌商家瞬间膨胀的重复开店,给诸多创业者陷入经营困境埋下祸根。

资料显示,由于香辣鸭脖子店在扩张的过程中缺乏相应的专利、商标等保障机制,这就造成了香辣鸭脖子市场的无序竞争。当市场饱和时,诸多创业者所经营的香辣鸭脖子店大规

---

① 国语洋、张蕊:《盲目跟风开店 香辣鸭脖子店关门一大半》,《新晚报》2007 年 2 月 6 日。
② 国语洋、张蕊:《盲目跟风开店 香辣鸭脖子店关门一大半》,《新晚报》2007 年 2 月 6 日。

模倒闭也就在情理之中。

然而,香辣鸭脖子店迅速衰落的速度超过很多营销专家的想象。针对上述案例中鸭脖子遭遇寒流的现象,哈尔滨商业大学市场营销学的研究人士认为,鸭脖子在哈尔滨市的销售情况与爆烤鸭、铁锅炖鱼、掉渣饼一样,都是由冷到热再到过剩,它也再一次印证了创业者盲目跟风开店的弊端。[①]

这个案例给创业者的警示是,作为创业者,在投资一个项目之前,必须有一个科学的判断和评估,这样才能更好地、正确地了解即将投资的项目。

针对上述案例中许多创业者轰轰烈烈的开店风这一问题,时任四川新兴格力电器销售有限公司总经理喻筠提醒要"小心驾驶",开专卖店切忌乱跟风。

喻筠认为,四川地区各路品牌纷纷大建专卖店,与格力的"示范效应"有关;同时,市场需求的增长也是一大诱因。稍加分析便不难发现,其中难免有盲目跟风者。专卖店的选择布点往往集中在两类区域:第一类,是业已成熟的家电商圈,虽然大多数与大卖场相邻,但由于市场有较大错位,双方实际并不处于同一竞争平台;第二类,也就是大多数的专卖店,布局于居住小区,可以向消费者提供专业化服务,成为居民身边的"家电专家"。但在喻筠看来,不是所有品牌都有吸引居民

---

① 国语洋、张蕊:《盲目跟风开店 香辣鸭脖子店关门一大半》,《新晚报》2007年2月6日。

走进的能力。①

喻筠还认为，专卖店建立在品牌的基础上，其生存发展的关键完全取决于消费者对这一品牌的认知度、接受度。因此，从某种意义上讲，家电单品专卖店完全是强者的游戏。②

香辣鸭脖子店之所以失败，大多数是创业者盲目跟风开店造成的。对此，中国投资协会副秘书长张永贵副研究员认为，目前中小民营投资主要存在信息壁垒和跟风投资两大问题。而拥挤驱浪式是投资中最没有主见的投资，被市场、政策、资源、规模淹没的危险性极大，这类投资往往是晚三秋，吃别人嚼过的馒头，失误概率较之正常投资要大得多。

无论是喻筠还是张永贵副研究员都提醒广大创业者，在投资项目时，比如加盟餐饮、快餐行业时，必须警惕盲目跟风、哪行赚钱就做哪行的投资思维。

而那些盲目跟风、哪行赚钱就做哪行的做法，使众多中小企业投资失败成风，这样的现象应当引起众多创业者思考。因此，实战专家告诫创业者，在投资项目时，绝对不能盲目跟风，哪行赚钱就做哪行，必须根据自身企业和创业者本身的实力和管理能力而另辟蹊径，这样将中小企业做强做大的概率将大大增加。

---

① 邹芸：《家电单品自建渠道 开专卖店切忌乱跟风》，《成都商报》2007年6月21日。

② 邹芸：《家电单品自建渠道 开专卖店切忌乱跟风》，《成都商报》2007年6月21日。

> "我们既然想融入世界，就要守世界规矩，这件事情非常重要。"

"我建议要建立互信机制，政府和民间必须互相信任，企业家和员工要互相信任。因为我发现很多的企业家和员工之间不是互相信任的，各种劳资关系极其紧张，合伙人之间也不是互相信任的。"在"亚布力中国企业家论坛 2018 年夏季峰会"上，俞敏洪在发言时讲到。在俞敏洪看来，当下的不信任可能为之付出较高的代价：

> 我们都知道中国人的猜忌和防范，老百姓与老百姓之间都是横行，做事情的潜在成本高到不可估量。

在俞敏洪看来，创业者各种潜在的成本甚至导致其巨大的投资风险：

> 现在很多创业公司因为合伙人打架散伙的现象比比皆是，所以现在我投资都不要合伙人了，我要一个创始人才投，有三个合伙人的我就不投了。

第五部分 创业时间可缩短，过程却不可跨越

俞敏洪的理由是，因为投完以后搞不清该创业团队哪天就打架，而且中国合伙人之间打架好像是一个必然现象，不是一个偶然现象。反观新东方的发展之路，在当时俞敏洪跟王强、徐小平也是打得要死要活。

> 就拿我所在的教育行业来说，其实这应该是一个相对比较简单的行业，但实际上，我至少二分之一的时间用在处理各种各样的潜在成本上面，我能做新东方的精力连二分之一都做不到。

对此，俞敏洪直言：相信企业家都会有这种感觉，法规不清、契约精神缺乏、社会道德沦丧。

面对此种困境，俞敏洪认为，创业者只有坚守契约精神和诚实守信，才可能创业成功。俞敏洪说：

> 遵守一个国家和地区的习俗和习惯，这件事情是中国能够发展也是中国能够融入世界的前提条件。中国在发展过程中不断地纠正自己，并积极寻求参与世界规矩，从加入WTO到今天，我们自己在组建国家与国家之间的利益关系、利益链条以及规矩意识。

俞敏洪强调，当创业者知道了对方很明确的规矩以后，

如果还知错犯错,故意去违反规矩,是不对的。俞敏洪以新东方为例:

> 新东方上市我认为做得还是相当不错的。我用了整整一个月研究美国上市公司法案,之后新东方所有行为规矩我都照着那个规范去做。
>
> 所以到2012年一个公司攻击新东方的时候,我半点恐惧都没有,因为他们写的所谓新东方作弊、捏造虚假数据的报告几乎没有一页是真实的。当时我什么都没干,迅速给新东方所有的管理者和老师们重新建立了期权计划,最后每个老师都拿到了两倍以上的期权增长价值。新东方股票价格从刚开始的9块钱到现在的100块钱,这就是遵循契约精神的好处。

在很多场合下,一些投资人频频地质疑创业者的契约精神。天使投资人曾质疑创业者:中国的企业家要走向世界,就必须遵守契约,这是商业的基本精神。面对财富的诱惑,创业者和企业家能坚定地坚持价值观吗?契约精神是创业者必须拥有的硬素质,同时也是检验现代社会市场发育水平和法治发达程度的一块试金石。

对此,美团创始人王兴曾说过:"我们相信规则的力量,公平终将战胜不公,尊重契约终将战胜践踏契约,有序终将战胜无序，这就是我们一直坚持到现在的原因。"

在王兴看来，美团的成功，完全凭借的就是契约精神，同时也是造就美团成为O2O服务领域王者地位的关键。王兴对此毫不讳言："美团发展到现在，是因为遵守契约精神。高层管理团队之间多次磨合但不分散的秘诀是，遵守游戏规则，把所有的事情放在桌面上谈。"

正因为如此，在契约精神的指导下，美团由此建立了创业伙伴间的信任机制，树立了公司的诚信价值观体系，让美团可以按照规则行事。王兴认为，契约就是凝聚力和战斗力。

王兴，出生于1979年。2004年，王兴开始创业——创办校内网、饭否网、美团网等多个项目。在多个项目中，美团网凭借自己的优势从5000余家团购网站中脱颖而出，成为中国最大的O2O服务平台。

回顾王兴的创业史不难发现，有些早期创业伙伴一直追随王兴，现在是美团网的骨干力量。员工的追随，源于王兴的契约精神，按照规则办事，建立起了信任机制。

美团高级副总裁兼首席人力官穆荣均说："我们之间有很强的纽带，那就是在一开始还没熟悉起来就建立很强的信任机制。"

穆荣均介绍，他与王兴从2009年开始合伙创业至今，仅有信任是远远不够的，"创业的伙伴关系比婚姻关系更难维持"。究其原因，很多创业伙伴因为股权利益问题而分道扬镳。

为了解决这个问题，王兴在创业初期就有对策。2010年底加入美团网的高级副总裁王慧文，在2011年美团网融资时，被人提问："你在美团网的股份没有签协议，你不担心吗？"王慧文回答说："不担心，这（我的股份）是王兴亲口告诉我的。他说有就有，我相信他。"

正因为如此，创始人与高管的彼此信任，大幅度降低了沟通成本，使得美团网在创业初期团队外部环境极其艰难的情况下，仍能集中精力发展业务，表现出了很强的凝聚力和战斗力。

纵观契约精神，一般盛行在市场经济较为成熟、法治化水平更高的国家和地区。因此，契约精神虽是商场第一法则，却是中国商业社会最稀缺的精神力量。中国不缺大企业，却缺少具有契约精神的企业家。对此，杭州市大学生创业导师坦言："很多创业企业之所以失败，最大的原因并非对手有多么强大，环境有多么残酷，其根源往往来源于内部：一起创业的伙伴能同苦，难同乐。作为好朋友时，伙伴之间性格的缺陷、各种弱点被掩盖了，而一旦彼此成为创业伙伴，创业必须要面对各种问题，涉及未来利益的分配等，如果之前没有一个很好的契约，利益分配没有讲清楚，就很有可能出现中国式创业的悲剧。中国式创业的悲剧——在于只有兄弟情义，没有契约精

第五部分　创业时间可缩短，过程却不可跨越

神——最好的队伍是，东方兄弟情义＋西方契约精神。"①

然而，一些创业者为了自己的利益，却忽略了竞争者或者合作伙伴的利益，这样做不仅不能共赢，甚至不仅损害了合作者的利益，也损害了自己的利益。因为在如今这个大时代，"损害合作者的利益"必将危及自己的利益。

1986年，陈大川在北京某重点大学毕业以后，顺利地进入商务部工作。然而，20世纪90年代初期，陈大川也加入了下海的大潮中，成为一名公司老板。

刚下海的陈大川，有着自己的人脉，先是搞起了餐馆，之后又经营起广告公司。

当商品批发和广告业务进行得如火如荼的时候，陈大川决定转向，进入商贸业务。1994年3月，陈大川和李志敏、林敏君三人成立北京威达商贸有限公司（以下简称威达商贸），主要业务就是食品、饮料、酒类产品的代理业务。

在20世纪90年代，威达商贸先后拿下了国内Y啤酒和国际H啤酒北京地区总经销业务。正是代理Y啤酒和H啤酒让威达商贸赢得了不错的口碑。

过了两年，威达商贸又拿下了××酒北京地区的总

---

① 刘乐平：《中国式创业悲剧在于缺少契约精神》，《杭州日报》2011年9月15日。

代理资格。该酒在北京地区的销售价格每瓶可达七八十元至上百元,威达商贸却以 17.5 元/瓶的优惠价格,预付 1/3 的现款,提走 100% 的现货。

仅仅一年多的时间,该酒在北京地区的市场销售额就达到了 3000 万元。正当北京地区销量大增时,发生了一件事情,让他们的努力都毁于一旦。

××酒在中国大陆地区主要有两个销售成熟地区:一是成都,一是济南。

虽然北京是首都,但只是××酒的一个新兴销售区,这也是威达商贸采购的××酒的价格可以比成都、济南的总经销要低一半的原因所在。

问题就出在此。济南地区总经销便向陈大川提出,从威达商贸采购××酒,窜货。按照行规,窜货本是业内大忌,但是李志敏、林敏君包括陈大川认为,该酒厂远在西南的大山坳里,距离济南非常遥远,而威达商贸总经销的地区在京城,该酒厂应该不会发现他们之间的窜货行为。

基于此,陈大川没有抵制住每瓶 16 元的利润和济南总经销方面以现金结账的诱惑。尤其是以现金结算,使威达商贸一方面可以从该酒厂采购更多的货源,另一方面也解决了威达商贸公司一年来市场投入过多,现金流面临断裂的窘境。于是,陈大川很爽快地答应了济南总

第五部分　创业时间可缩短，过程却不可跨越

经销窜货的要求。

然而，陈大川等人不知道的是，精明的酒厂早就提防着他们的窜货行为。就在窜货行为发生后一周，该酒厂提出三点：第一，协商免去威达商贸××酒北京某地区总经销资格；第二，在第一点未定情况下，将威达商贸代理的××酒由每瓶17.5元提高到33.5元，与济南地区、成都地区代理商一样；第三，取消威达商贸预付1/3货款资格，从此以后从该酒厂进货必须全款。

让陈大川等人没有想到的是，这三条都打在威达商贸的七寸上。该酒厂的要求，第一点，将使威达商贸一年多累积起来的××酒北京地区市场灰飞烟灭；第二点，直接降低威达商贸的盈利点；第三点，一下子使威达商贸的现金流彻底断裂了。

威达商贸的危机加剧了三位股东之间的矛盾。之后又发生的几起事件使原本摇摇欲坠的威达商贸在一片挽歌声中彻底解体。

其实，威达商贸是死于陈大川等人的"损害合作者的利益"。在他们从事的产品销售行业里，窜货本是业内大忌，他们却明知而为。

可能读者不清楚，窜货行为，不仅打乱了该酒厂对中国大陆地区的市场部署和市场策略，还会给该酒厂造成非常严重

的后果。可以说，窜货行为历来为厂家所不容。这就是当该酒厂发现威达商贸窜货行为后，采取了非常严厉的惩罚措施的原因所在。

当然，威达商贸的分崩离析，也是陈大川等人为自己"损害合作者的利益"的行为所付出的代价。威达商贸的倒闭警示企业老板，在全球一体化经济发展的今天，市场经济的实质就是信用经济，参与市场经营的每个人都要维护"合作者的利益"这个规则，在游戏规则的框架内诚信经营。

事实证明，企业要想做强做大，就必须维护"合作者的利益"，不能只凭自己的小聪明。在很多时候，企业老板凭借自己的小聪明，赢得了一些市场，却一定难以长远。因此，作为企业老板，一定要懂得维护消费者的利益、中间商的利益、企业员工的利益。一个不懂得维护消费者的利益、中间商的利益、企业员工的利益的企业老板，不可能将企业做久、做大。

第五部分　创业时间可缩短，过程却不可跨越

> "因为你诚实，朋友就会相信你；因为你诚实，所以客户会追随你，愿意跟你合作。"

从新东方创办至今，俞敏洪的创业历史已有 20 多年。当媒体问及俞敏洪的创业经验时，俞敏洪认为，新东方的成功跟自己讲诚信有很大关系。俞敏洪是这样回答的："因为你诚实，朋友就会相信你；因为你诚实，所以客户会追随你，愿意跟你合作。"

为此，俞敏洪举例称，几年前新东方股票被美国机构浑水公司攻击，新东方股价因此大跌。后来在一帮朋友的帮助下，新东方的股票价格反而翻了十倍。

新东方股价上涨的一个重要原因就是俞敏洪的诚信态度。即使是投资领域，也是如此。俞敏洪在投资过程中也发现，一些金融创新，到最后变成了金融骗子，像被曝光的某些 P2P，不讲诚信，骗取老百姓的钱财。俞敏洪说，作为金融机构，也要诚实，应该一心一意通过投资给创业者提供金融支持，而不是骗取老百姓的钱财。

俞敏洪多次强调，诚信是创业企业最好的竞争手段，是创业企业整体战略的有机组成部分，没有诚信，就不可能成功。

关于诚信，2005 年，俞敏洪在接受凤凰卫视记者采访时说：

> "非典"期间新东方遭遇学生退款高潮，当时银行告诉我们的财务人员每天最多只能提 50 万元现金，这个数字根本无法支付学生退款。如果学生们一排队发现无法退款的话，新东方很可能出现难以遏制的挤兑风险，一想起这些我就害怕。我找到银行领导说，"非典"一定会过去，"非典"之后如果还想让新东方把学生的学费存到你们的银行，那么请你们现在就给新东方开具一套可行性解决方案。银行方面终于答应，只要是新东方提款，提多少办多少，不设上限。最多的一天，新东方财务人员从银行提了 400 多万元，用以支付学生的退款。当学生们发现任何时候来退钱都能拿到现金，反而踏实了，不来了，因为他们知道新东方是有保障的，能给大家带来足够的安全感。

在俞敏洪看来，创业企业的发展壮大离不开创业者诚实守信的商业道德，因为诚信是初创企业永续经营和基业长青的保障。

基于此，虽然面临挤兑风险，俞敏洪还是义无反顾地兑现承诺。对此，俞敏洪曾说："'进学不诚则学杂，处事不诚

第五部分　创业时间可缩短，过程却不可跨越

则事败，自谋不诚则欺心而弃己，与人不诚则丧德而增怨。'诚，或者诚恳诚信，本来应该是件特别简单的事情。一切从心底出发就是诚，学从心底喜欢，做从心底认可，讲从心底认同，行动发自内心。可惜现在心口不一、言行不一太多，讲假话被表彰，讲真话受惩罚，所以诚就没有了。"

在俞敏洪看来，诚信本来应该是件特别简单的事情。正因为如此，才让新东方得到长足的发展。

2004年夏天，新东方曾举办过一个为期8周的英语听说读写暑期集训班。在招生广告中，新东方承诺学员的住宿条件——三星宾馆（独立卫生间和空调）。

新东方原计划招300多学员，并按此数量预订了一家三星级宾馆。让新东方没有想到的是，招生数量大大超出了预期，在短时间内就超过了计划数300多名，而其报名的学员最终达到了近4000人。

尽管如此，负责招生的项目主任却没有及时做出任何调整，没有按照实际招生学员数量联系预订更多的三星级宾馆。

到了开学的第一天，一些学员被安顿在了大学住宿，虽然这里的住宿条件也很好，学员们却抱怨不已。

新东方的招生广告明确承诺，学员的住宿条件是三星级宾馆，于是，他们开始表达不满。新东方紧急出面说服和安抚，虽然说服了一半学员，另外一半学员却不认可，明确要求新东方履行招生广告的承诺条件。

事件由此升级，最终惊动了俞敏洪。在俞敏洪的亲自指挥下，用一天半时间搜索、联系了北京几乎所有的三星级宾馆。第二天，新东方用上百辆大巴车把数千学生全部送到三星级宾馆住宿。

俞敏洪的出面，化解了一场危机事件。虽然此事件终于摆平，新东方却为此赔了500多万元。不过，俞敏洪的诚信的举动，赢得了学员的好感和信赖。

此次危机风波平息后，俞敏洪辞退了那个项目培训主任。俞敏洪说："他的行为让新东方背负了不诚信的黑锅，这是无法让人容忍和原谅的。"

在中国商业史上，诚信主导着家族企业的发展和壮大。尽管中国家族企业经过公私合营，但是在如今依然能看见当初坚守诚信的痕迹。改革开放后，中国家族企业的声名鹊起，自然离不开诚信。

作为老干妈创始人的陶华碧，没有上过一天学，更谈不上制定完善的西方式的现代化管理制度，但是她凭借诚信经营的管理手段，硬是把老干妈远销到欧盟、美国、澳大利亚、日本、韩国等20多个国家和地区。

在接受媒体采访时，陶华碧坦言，在与供货商和经销商合作时，"宁可人人负我，我决不负客户"。这句话足以看出陶华碧对诚信的重视。陶华碧在管理企业时，一个有效的招数就是诚信，因为陶华碧坚信，诚信是老干妈基业长青和永续经营

第五部分　创业时间可缩短，过程却不可跨越

的硬原理和源动力。

在老干妈的发展和壮大过程中，陶华碧始终坚信，诚信才是老干妈赖以生存和发展的根基。没有诚信作为基础，老干妈这个企业就无法在市场经济中生存与发展；只有坚持诚信这个立足点，老干妈这个企业才可能基业长青和永续经营。

在中国，陶华碧并非唯一一个重视诚信的企业家。中国香港长江实业公司董事长李嘉诚也非常重视诚信，他接受媒体采访时告诫企业家："一时的损失，将来是可以赚回来的，但失去了信誉，就什么也做不成了。我做生意，一直有一个宗旨，那就是不投机取巧，要以诚待人，在对客户做出承诺之后，无论碰到什么样的困难，仍要履行对客户的承诺，以取得客户信任。"

陶华碧和李嘉诚能坚持诚信，不仅源于其成长的环境，也与传统文化熏陶分不开。在经营的过程中，他们凭借诚信，打开了企业管理的大门。

在老干妈，伴随着公司的发展壮大，陶华碧渐渐地觉察到产品的市场拓展成为一个棘手的大问题。

可是，陶华碧既没有学过市场营销课程，也不懂得借助广告策划，甚至连名片都几乎不用，因此如何开拓老干妈辣椒酱市场、争取新客户成为陶华碧面前的一个拦路虎。

当陶华碧分析了自己的优劣势之后发现，市场营销策略和广告策划是自己的劣势。此刻，拓展市场的难题横亘在陶华

碧面前。为了解决这个难题，陶华碧坚信：条条大路通罗马，拓展市场也一样，既然老干妈辣椒酱在贵阳用土办法能够被食客接受和认可，那么只要找到拓展市场的土办法，拓展市场的难题就能迎刃而解。

通过分析对内管理的成功经验，陶华碧认为：对内、对外都是与人打交道，都要讲感情。对内，这感情要体现在"真"上；对外，这感情恐怕就要体现在"诚"字上了。只要你赚钱，也保证让别人赚钱；不坑人，不骗人，愿意与你合作做生意的就多，你就能搞好销售。①

于是，陶华碧为此专门召开经营管理大会。在会上，陶华碧对员工们说："都说无商不奸，我就偏偏不信，我偏偏要'宁可人人负我，我决不负客户！'请大家一定牢记这一点，在市场竞争中以诚信经营立足，取胜！"

正是陶华碧的诚信经营，老干妈才能够赢得经销商的合作，才能赢得消费者的青睐。在中国成千上万的家族企业中，其创始人尤其重视诚信。不管是创建于清朝康熙八年（1669年）的同仁堂，还是创建于同治十三年（1874年）的胡庆余堂，都是以诚信立足。

在创建时，这两家都是从小的药店开始的，其中前者创始人乐显扬的服务宗旨是"修合无人见，存心有天知"。从

---

① 《大学生创新创业入门全套教案》，豆丁网，2021年1月3日。

第五部分　创业时间可缩短，过程却不可跨越

1723年开始，同仁堂就向宫廷供奉御药，历经八代皇帝188年的历史。在300多年的生存和发展历程中，尽管经历了王朝更迭、列强入侵、倭寇打压，但是历代同仁堂经营者始终恪守"炮制虽繁必不敢省人工，品位虽贵必不敢减物力"的古训，将"修合无人见，存心有天知"的自律意识融入同仁堂的经营和管理之中，从而造就了在制药过程中兢兢小心、精益求精的严细精神，使同仁堂的产品以"配方独特、选料上乘、工艺精湛、疗效显著"而得到病患者的认可。

后者创始人胡雪岩的服务宗旨是"戒欺"。胡雪岩亲自题写"戒欺"横匾，而现存的"戒欺"匾额是胡雪岩在清光绪四年四月亲笔所写，它告诫属下要恪守诚信。

"戒欺"横匾的内容如下："凡百贸易均着不得欺字，药业关系性命，尤为万不可欺。余存心济世，誓不以劣品弋取厚利，惟愿诸君心余之心，采办务真，修制务精，不至欺予以欺世人，是则造福冥冥，谓诸君之善为余谋也可，谓诸君之善自为谋亦可。"

由此可见，胡雪岩创办胡庆余堂时非常崇尚"戒欺"经营，而戒欺的经营理念也涵盖方方面面，如在经营方面，倡导"真不二价"，即做生意讲诚信，老少无欺，贫富无欺，不能有丝毫掺假，"采办务真，修制务精"。

胡雪岩的诚信经营，成为饮誉139年的立业之本。而从"戒欺"横匾的内容可以看出，这不仅是创始人胡雪岩对胡庆

余堂经营者的谆谆告诫,是胡庆余堂制药的铁定规则,也是胡庆余堂称雄制药界的原因所在。

反观老干妈,尽管只有近20年历史,但是陶华碧的做法与这些百年老字号不谋而合。在研究中国成百上千的百年老字号时发现,这些长寿企业都有一个共同的特征,即这些创始人一向极度重视诚信的经营理念。百年老字号践行诚信的经营理念,具体的措施是,给顾客提供优良的产品、周到的服务,以此赢得顾客的好评,更好地延续了企业的寿命。正是陶华碧朴素的诚信经营思想,才让老干妈辣椒酱畅销四海,赢得华人消费者的喜爱。

同仁堂和胡庆余堂经过上百年的风雨动荡之后,依然能够在社会上生存下来,我想肯定离不开诚信的作用。这两家企业与老干妈这个不到20年历史的现代企业相比,多了几分厚重的历史,却有共通的经营策略——诚信。

2001年初,广州有一个"老干妈麻辣酱"销售商主动把年销售目标调高到3000万元。当然,这个销售目标是极具挑战性的,连陶华碧自己也认为定得太高了,几乎很难实现这个销售目标。

陶华碧半开玩笑地说:"你如果真实现这个目标,我年终就奖你一辆轿车。"在很多场合下,一些企业家们总是承诺经销商完成销售目标后奖励什么,结果事后却忘记了。

该销售商听了陶华碧的这个承诺之后也没怎么当真,他

第五部分　创业时间可缩短，过程却不可跨越

知道陶华碧特别节俭——她当了这么大的老板，自己却一直连轿车都不配，平时出门办事大多去挤公汽、中巴，即使是去税务所交税，也是兜里揣上作为中餐的两个馒头，坐着农用车往返，她怎么会舍得奖外人轿车呢？可是到了年终，销售商真的完成了3000万元的销售额。①

当消息传到陶华碧那里，陶华碧表态：人要讲信用，说出去的话就像泼出去的水，不负责任怎么取信于人？

陶华碧力排众议，兑现了给广州这位销售商奖励一辆捷达轿车的承诺。当这样的事件传开之后，全国各地的销售商们都感叹道："还是'老干妈'最讲诚信啊！对她这样的人，谁还会忍心骗她！"

陶华碧坚持诚信，不仅赢得了较好的声誉，同时也得到了回报，这使得陶华碧更加把诚信经营当作企业发展的法宝。在陶华碧看来，诚信才是有效、管用的管理方法。事实上，像陶华碧一样的创始人举不胜举，特别是在中国的明清时期，中国商业迎来了发展的高峰，很多创建于这个时期的家族企业依然在经营和发展，如全聚德、同仁堂、茅台，等等。

在此阶段，由于家族企业创始人深受儒家文化之仁德精神与诚信思想的影响，在家族企业经营和管理中通常能形成良好的诚实守信的传统。尽管这种传统儒学思想明显带有浓厚的

---

① 《大学生创新创业入门全套教案》，豆丁网，2021年1月3日。

农耕经济意识，却为家族企业做大做强提供了理论支持和文化土壤。

例如，胡庆余堂里的"戒欺"匾，以及同仁堂的"修合无人见，存心有天知"，这些自律准则都为企业做大做强提供了保障。在中华老字号中，经营食品和药品的占了很大比重。民以食为天，人们对食品和药品的安全、可靠度十分关注。注重诚信、关注民生的经营文化就成为经营食品和药品的老字号的突出特点。[1]

在专家王成荣看来，老字号企业的发展深深植根于中华民族文化的沃土之中，也就是深受儒家文化之仁德精神与诚信思想的影响，这自然而然在经营中形成了良好的诚实守信的传统。尽管不同的企业其经营模式不尽相同，但老字号企业长期以来坚守的文化内涵，如诚实守信的经营原则、尊重顾客的服务意识、对产品质量精益求精的职业精神，尤其是童叟无欺、货真价实等，这些都已经成为老字号企业经营的制胜法宝。[2]

在中国，"民以食为天"的观念已经深入人心，顾客对食品、药品的安全、可靠等方面倍加关注。如今一提到老字号，大部分食品老字号企业会出现在消费者脑海中，这也说明了老

---

[1] 王成荣、李诚、王玉军：《老字号品牌价值》，《中国经济出版社》2012年版。

[2] 姜子谦：《老字号企业是如何经营品牌的》，《北京商报》2012年8月8日。

第五部分　创业时间可缩短，过程却不可跨越

字号企业的诚信深受消费者的肯定。①

由此可见，中国家族企业的诚信文化已经深深植根于中华民族文化的沃土之中。说到诚信，同仁堂"炮制虽繁必不敢省人工，品味虽贵必不敢减物力"的训诫，给消费者传递出放心消费的信心，并起到表率作用，在市场强烈呼唤商业诚信的今天显得弥足珍贵。在我们饱受假冒商品泛滥、假药危害之际，老字号企业的诚信经营理念，自然会受到消费者的称赞。所以，同仁堂以及更多的老字号企业之所以能流传至今，久盛不衰，很大因素取决于对"诚信"这一理念的秉持。

在老干妈的发展和壮大过程中，陶华碧始终坚持现款现货，始终坚持诚信。她为此自信地说："我不懂什么时髦的管理方法，我就靠诚信，我要诚得别人不忍心骗我！谁要是骗了我，别人就会说：'你连她都忍心骗啊？'谁就在同行中臭名远扬，难以立足！"这句话足以说明陶华碧对诚信的重视程度，更说明诚信促进了老干妈的高速发展和壮大。

在实际的合作和管理过程中，陶华碧凭借诚信，很快地赢得了极佳的信誉。企业不断壮大，品牌广为人知，利润逐年增加。据公开的数据显示，老干妈一直保持着令人惊羡的发展速度。

1998年，老干妈的产值还只有5014万元；2011年，老干

---

① 姜子谦：《老字号企业是如何经营品牌的》，《北京商报》2012年8月8日。

妈累计产值达 31 亿元，名列中国私营企业 50 强排行榜的第 5 名；2013 年，老干妈的产值持续上涨，达到 37.2 亿元；2014 年，老干妈的销售收入突破 40 亿元。

与老干妈产值同步增长的，还有老干妈大跨步式的纳税额。1998 年，老干妈的纳税额仅有 329 万元；1999—2011 年，3 年间共缴税 8 亿元，平均每年纳税 2.6 亿元；2013 年，其上缴税收 5.1 亿元，15 年里，纳税额增长了 155 倍。

从这组数据不难看出，从 1998—2013 年的 15 年间，老干妈的产值增长了 74 倍。不仅如此，从老干妈 1996 年创建以来，连续 17 年销售额持续增长。陶华碧，这个没上过一天学的农村老太太之所以能够把一个民营公司办到如此程度，创造了新时代一个令人难以想象的真实神话，是因为她坚持诚信经营、诚信对待合作者、诚信对待员工。

陶华碧的成功，其实就是诚信的成功。在中国数以万计的商业案例中，诚信经营成功的案例可谓举不胜举。

第五部分　创业时间可缩短，过程却不可跨越

> "和政府的代表人物也就是政府领导，尽可能保持中立关系，而不要靠某一个人靠得太近。"

在中国，关系一度被认为是创业者做强做大的必须要件。在很多创业者看来，只要拥有关系，没有办不成的事情，这也使某些创业企业因为某一两个贪官被查而纷纷倒下。这样的事件不得不引起创业者的深思。

究其原因，企业要想做强、做精、做大，必须建立在企业核心竞争力的基础之上，一旦只建立在关系的空中楼阁之上，倒下只不过是早晚的问题。

面对需要注意的处理政商关系问题，网易教育曾以"俞老师，在处理政商关系的过程中，您有没有特别的体会"为纲采访了俞敏洪。

俞敏洪回答道：

> 我觉得，政商关系，第一是要保证你做的事本身是对的。如果你是因为错误的事，去谈"政商"的话，那么一定要进入腐败体系。你想想看，你不贿赂，人家怎么会帮你来做一件错的事情？但是，你做对的事，有时，

政府也不一定支持你，因为他们要支持的东西太多了。这时，你同官员建立良好关系，就变成了支持你的一个重要前提。中国是讲人情的社会，所以在正常的方式下，跟政府领导搞好关系是企业做好的一个非常重要的条件。

把握这两点，你基本上不会犯太大的错误。我个人跟政治的关系应该是，我认为是坚持自己认为做得正确的就行，保持和政治的和谐，但是和政府的代表人物也就是政府领导，尽可能保持中立关系，而不要靠某一个人靠得太近。到现在为止，我也是这么做的。我觉得这是一个正确的方法，也是确保政府领导安全的一个方法。

不仅如此，杨旭涛以"在国内创业，有时候我们或多或少都需要和政府有一些关系，对于创业者在异地刚成立公司以后，肯定是没有这方面的关系的。对于这方面，俞老师曾经也经历过一些坎，您觉得要如何来解决这方面的问题呢？"采访了俞敏洪。

俞敏洪是这样回答的：

这个问题是一个不可避免的问题。因为整个中国的发展，是靠两个基础来带动的：第一是政府的支持；第二个是社会的结构。所以我们做任何事情，包括创业都不能和政府系统、社会结构唱反调。当然，社会在不断

第五部分 创业时间可缩短,过程却不可跨越

进步,现在的政府也是全力以赴在鼓励创业,所以不去做违法的事情,一般政府也不会为难你,不会找你的麻烦。当然偶尔也会碰到这样的特例,有些官员为了自己的私利来为难你。在大局来看,中国政府是支持创业和发展的,所以大形势是好的。从整个中国社会结构来说,中国的社会也是在往个人为主的方向发展,整体上支持个人发展。民营企业已经有了一个比较高的地位,不像20年前我创业的时候,身边的朋友和老百姓都说我是个体户,现在只要大家出来创业,就可以说自己是个创业者。创业者在百姓中是一个比较认可的词,社会环境和政府环境都在向有利于创业的方向发展。

事实上,官商勾结最大的症结还是在于一些创业者或者企业家热衷于关系来促进企业的发展,殊不知这样的做法会将企业带入万劫不复的深渊之中。

在2004年秋季,当媒体再次采访云南民营经济史上少有的风云人物、昔日的云南"钛王"——罗志德时,让媒体记者吃惊的是,这位曾有"云南企业之父"美誉的企业家如今坐在空荡荡的办公室的一张旧沙发上,而且手握一根拐杖——这个正值壮年的企业家已经行动不便了。

而当初的罗志德意气风发,作为一个科技人员,他

却敢于辞去公职。在1985年,他创办云南路达科技开发总公司(以下简称路达公司),此后的十几年,路达公司一路窜至巅峰。

客观地说,罗志德还是一位具有社会责任的企业家。当创业成功之后,罗志德在云南教育学院成立了一个路达企业家学院,为云南培养了不少企业家。

锈迹昭然的蜗牛庄园及其凋敝不堪、颇具规模的血制品车间与闻名云南的路达集团不可同日而语。然而,正是这些光环,将路达公司引入悲剧的边缘。

1992年,创业成功之后的罗志德提出一个在云南省会昆明盖一座56层大厦的想法。之所以定为56层,罗志德在接受媒体采访时谈到,主要是中国有56个民族。而大厦的一层就代表一个民族,从而彰显中华民族的大团结。

在20世纪90年代,罗志德并没有真想建这个56层的大厦,仅仅是自己的一个想法而已。然而,罗志德建56层大厦想法的事情却让有关地方领导知道了。

有关地方领导为了促进地方的发展,于是将这个56层的大厦赋予了非同寻常的意义。

在有关地方领导的授权下,相关部门"特批"了一块位于昆明市中心面积达100亩的土地给路达公司建56层的大厦,而且有关部门还在昆明市郊给了罗志德200亩

第五部分 创业时间可缩短,过程却不可跨越

土地。

此刻的罗志德没了退路,只好按照有关地方领导的意图去执行。不过,按照当时路达公司的实际情况,根本就没有能力建这座大厦,而向银行贷款又没有足够的抵押物。

于是,罗志德只好以发行股票筹资的办法来修建大厦。仅发行股票的头3天就筹集了2000万元。

罗志德原本以为这样的方法可以解决资金短缺的问题,然而,他发行股票筹资的事情却被一个记者得知了。于是该记者写了一份路达公司乱发股票,扰乱金融市场秩序的内参,使路达公司被勒令立即停止股票发行。

没有了资金来源,代表56个民族的大厦自然也就没有盖起来,这也使有关地方领导也对罗志德有了些许看法。

从此,路达公司的麻烦就像溪流的河水一样源源不断。曾经平安无事的矿山开采开始遭到有关部门三番五次的检查,原来安分守己的村民也开始不断来矿上滋事。以前这样的事情,罗志德只需要向有关领导汇报一下,所有问题都会迎刃而解。

让罗志德想不通的是,因为没有能力修建代表56个民族的大厦,而今相关领导也不再庇护他了。最要命的是,路达公司的钛矿采选厂和其他非法矿厂一起被有关

部门勒令关停。钛矿采选厂是路达公司的生命线，也是罗志德赖以起家的本钱。采选厂完了，也就意味着路达公司完了，罗志德完了。

在中国企业家中，罗志德的悲剧，不是唯一的一个，也不是最后一个。在这里，我们必须提醒创业者的是，那些试图利用各种资源，也包括政府资源来作为自己企业的核心竞争力的想法可能将企业引入非常危险的境地。

究其原因，即使是依靠政府，政府提供的资源也是有限的。要想提升初创企业的竞争力，关键需要提升初创企业的竞争优势，绝对不能把希望全都寄托在政府的帮扶上。

第六部分
敢于永不言败

千万不要给自己压力,镇静下来,也许就会有完全不一样的结果。更不能一面临失败,就自我放弃。

——新东方创始人 俞敏洪

第六部分 敢于永不言败

"创业者必须清楚自己的心理承受能力。"

对于任何一个创业者来讲,创业都是维艰的。在《最强大脑之燃烧吧大脑》节目中,作为导师的俞敏洪,现场鼓励选手时说道:

> 千万不要给自己压力,镇静下来,也许就会有完全不一样的结果。更不能一面临失败,就自我放弃。

在俞敏洪看来,在创业过程中,不能一失败就放弃。俞敏洪回顾称,在企业的发展过程中,自己也曾面临过一次次的危机。如果真的放弃了,俞敏洪现在就什么都没有了。而人生就应该向着有可能的方向,去设定自己的目标,这样才能把事情做好。

当然,创业失败也是正常的事情,必须要有心理承受能力,否则,其后果不堪设想。在2018年,一个名叫茅侃侃的创业者就是因为不堪压力,在家中自杀了。

茅侃侃是80后创业标杆人物,曾是一个意气风发的少年,23岁就登上了《中国企业家》封面,和另外几位青年并称"IT四少"。

创业艰难,无疑需要创业者拥有强大的心理承受能力。茅侃侃的自杀,足以说明,创业的奔波之苦,已经让这位外表乐观的年轻人变得不堪重负,最终结束了自己35岁的生命,其艰难也可见一斑。

对此,俞敏洪在公开场合坦言:

> 什么是心理承受能力?举个例子,你把一堆面粉掺点水揉一下,一捏面粉很容易散,但你别放弃,继续揉捏。千百遍之后,它再也不会散开了,即使你把它抻长也不会散开,因为它已经具备足够的韧性。人进入社会的过程就如同一团面粉,被社会不停地揉捏摔打,最后变得非常坚韧,就有了坚强的心理承受能力。也就是说,你的心理承受能力要经得起锤炼、打磨,最后才能真正成型、成熟。

在俞敏洪看来,创业的压力很大,经营者只有拥有较强的心理承受能力,才有可能创业成功。据商务部的资料显示,中国每年注册数十万家中小企业,同时每年倒闭的中小企业也在10万家以上,有60%的中小企业在5年内倒闭,85%的中小企业在10年内破产。

对于创业的艰难,海尔集团首席执行官张瑞敏深有感触,他坦言:"心理承受能力是创业的必要条件,如果没有超强的心理承受能力,没法创业;自驱力、定力是创业的充分条件。必要条件和充分条件结合起来,创新的成功性就会比较大。"

在张瑞敏看来,创业面临的不确定太多。张瑞敏解释说:"创业永远在路上,不能说我创业成功了,因为永远要面对每天的改变,所以必须要从一开始就要自己驱动自己以克服困难。"

在"寻找中国创客深圳夏季峰会"上,神州数码控股董事局主席郭为讲道:"创业者需要拥有强大心理承受能力,创业者需要是勇敢的理想主义者,创业者得经得住很多很痛苦的事情。同时,创业者要有感激之心。"

不管是俞敏洪、张瑞敏、郭为,他们都在告诫创业者需要拥有超强的心理承受能力,否则不但创业会半途而废,同时也会极大地伤害创业者的内心。

> "创业实际上是艰苦的过程,没有任何人可以保证创业就一定能够成功。"

伟大是熬出来的,每一个创业者都期望自己能够成功,但事实是,创业成功者往往只是一小部分。一方面,创业是一个高风险的活动,其过程甚为艰难,没有人敢拍着胸脯说自己百分之百能创业成功。另一方面,即使那些创业阶段性成功的创业者,其经营可能遭遇诸多坎坷。

关于成功创业,俞敏洪在"创青春 创未来"中国青年创新创业论坛上告诫创业者说:

> 只要是你想创业,只要你做企业,就不可能是一次成功。

原因是,创业是一个持续的过程,只有敢于坚持和专注的创业者才能成功。俞敏洪认为,创业实际上是艰苦的过程,没有任何人可以保证创业就一定能够成功。在俞敏洪看来,只要走上了这条路,就会一直在创业的道路上。

俞敏洪之所以有这样的建议,是因为新技术的普及及时代需求在变化。只有与时俱进,才能解决经营中遇到的问题。

第六部分 敢于永不言败

在论坛上,俞敏洪直言:

> 移动互联网时代给教育领域带来了天翻地覆的变化,我由一个从不做移动互联网的人开始在自己50岁的年龄做成互联网与教育相加的道路。

除了培训业务以及管理互联网化外,俞敏洪还成立洪泰基金,从一个创业者向投资者转型。作为投资者的俞敏洪,又是如何选择那些有潜质的创业者呢?

据俞敏洪介绍,首先必须具备的一点:创业者必须乐观。充满乐观的创业者容易获得风险投资,原因是,创业过程中可能面临诸多想象不到的困难。俞敏洪说:

> 首先我投的这个人必须是乐观主义者,他必须对世界的发展有信心,对中国的发展有信心,对我们这个时代的发展认可。如果年轻人本身对这个时代表示怀疑,就不值得投资。任何事情,只要有失望,就没办法再进行下去了。

俞敏洪补充道:

> 中国近几年尽管起起伏伏、有困难、有挫折,但是

一直不断向上发展，所以我本人从未有过"是否要到国外去生活"这样的念头。

在俞敏洪看来，在今天这样一个快速发展的时代，创业者如果保持乐观，敢于创业，那就说明该创业者不甘平庸。俞敏洪说：

> 所有的创新创业都是对自己的认可，认可自己最重要的标志就是对生命灿烂的期待。如果只让生命平庸地度过，就不会有奇迹发生。

正是对创业的执着，浙江万向集团创始人鲁冠球用了数十年时间把一间铁匠铺打造成了一家真正的跨国企业。

媒体报道称，鲁冠球15岁就辍学了，做过打铁匠。16岁时，鲁冠球的理想则是想当一名城市工人。鲁冠球说："很简单的道理，要摆脱贫困。农民真的是面朝黄土背朝天，早上三四点钟天蒙蒙亮就出来种菜，好的卖给城里人吃，坏的、差的自己吃。晚上，蚊子很多还在外面劳作，就这样，都富不起来。"

让鲁冠球欣喜的是，正好城市需要工人，鲁冠球介绍道："正好有个机会'大跃进'，城市里需要工人，我们就去了。一开始14块钱，还有两块衣服费。我干了3年，工资最高涨到

35.5块，拿了两个月。"

正当鲁冠球沉浸在拿工资的喜悦中时，史无前例的三年自然灾害打破了鲁冠球的工人梦。鲁冠球说："城里养不活我们了，现在叫下岗，那时候叫精简。1961年，全国精简2000万工人，我是其中一个。不想回农村，怎么办？当工人三年有了点手艺，开始在农村修自行车、钢丝车，一个人开始，就是要摆脱贫困。"

像鲁冠球这种寻求脱贫的个人努力，从中华人民共和国成立以来就从未间断过。鲁冠球说："即使在'文化大革命'那个年代，我们萧山、绍兴照样也有民营企业存在。"

当不了工人，鲁冠球于是开办了一家米面加工厂。然而，在那个特殊年代，尤其是20世纪50—60年代计划经济时期，创办米面加工厂被视为非法，鲁冠球的首次创业由此背负巨额债务。

究其原因，鲁冠球开办的米面加工厂被人指责为办地下黑工厂，是由于中国大陆地区当时的政策，米面加工厂不得不关停，加工米面的机器也被廉价拍卖。

为了还清开办米面加工厂向亲友借贷的3000元启动资金，鲁冠球只好卖掉刚过世祖父的遗产——三间旧房。尽管欠款得以还清，但是鲁冠球的第一次创业几乎倾家荡产。

1969年，鲁冠球迎来了一个难得的实现自我价值的机会：接受宁围公社领导邀请，鲁冠球接管了宁围公社农机修配厂，开始自己的第二次创业。

上任后的鲁冠球,凭借敏锐的商业嗅觉,依靠传统的作坊,生产犁刀、万向节等产品,由此完成最初的原始积累。

1979年,鲁冠球集中一切资源专业化生产汽车的万向节。

由于技术不过硬,刚生产的万向节产品存在质量问题,鲁冠球把价值43万元的不合格的万向节产品当做废品给处理了。

"祸兮福之所倚,福兮祸之所伏。"鲁冠球的做法得到了回报——在全国万向节厂整顿检查中,鲁冠球所在的工厂赢得了99.4的高分,雄居全国万向节生产厂家之首。从此,鲁冠球所在的工厂被列入定点生产万向节的工厂。

20世纪80年代以后,鲁冠球所在工厂生产的万向节产品,其经济效益年均增长达40%以上。1988年,商业嗅觉敏锐的鲁冠球判断,随着改革开放的深入,万向节产品的市场需求必定很大。在这样的背景下,鲁冠球以1500万元的价格向宁围镇政府买断万向节厂的股权。

在20世纪90年代,鲁冠球不满足本土市场,提出了新的战略方针——"大集团战略、小核算体系、资本式运作、国际化市场",把"钱潮牌"作为万向节产品的商标。这样的战略转型证明了鲁冠球的判断是正确的——成功把"钱潮牌"万向节产品卖给了日本、意大利、法国、澳大利亚、中国香港特别行政区等18个国家和地区。

第六部分　敢于永不言败

鲁冠球的创业经历并非个案。对此，俞敏洪说道：

> 如果生命中没有冒险，就不会享受到这个时代所带来的成果。尽管在选择的时候会有风险，但只有对自己的生命抱有希望，对合作抱有希望，就是对自己的认可。

由此可以看出，对于任何一个创业者来讲，创业者都是不甘平庸的英雄，在冒险的过程中激发了企业家的创新。关于创新，在《三人圆桌对话：中国企业家世界最勤劳 为什么创新对中国企业来说这么难！》一文中，著名经济学家、北京大学国家发展研究院教授张维迎告诫企业家：创新和发明不一样，发明只要做出原来没有的东西，创新它一定是最终要落实到商业化、商业上的价值。从历史看，中国长期以来都重农抑商。如果没有一个企业家群体在那折腾，就不可能有创新。创新不是从上到下叫喊出来的，是从下到上做出来的。企业家创新可能纯粹属于商业目的，也可能有些人完全出于好奇心。我们看看英国，英国在18世纪的时候，科学技术还不如法国。好多后来的发明一开始都是法国人做出来的，但是英国人把他们商业化了。甚至好多法国人因为跑到了英国才最终成功。所以英国这个环境是有利于企业家精神，八仙过海、各显神通的体制，创新从一个点开始，星星之火就可以燎原。

张维迎举例说明，眼镜行业有3500年的历史，但是在传统上,眼镜的技术发展很慢,铁都很宝贵,更别说钢了,所以我们平时说砸锅卖铁,意思是我唯一剩下的宝贵的东西,或者说好钢要用在刀刃上。钢多宝贵,一刀,就那么一块刀,只能有一厘米提炼成钢。但是到英国工业革命之后,开始用焦炭炼铁代替了原来的木炭炼铁,钢的产量大大增加。产能增加之后能干什么?你不能老造刀具,老造镰刀,老造其他的手工用品,那就得有人去想这些问题。英国企业家约翰·威尔金森(*John Wilkinson*)说,我们用铁来造桥,这是个新的建筑材料啊。我们再来看一下,"二战"之后发明了晶体管,晶体管是干什么的?有人说我们用晶体管计算机,好多人也在想有了晶体管以后,我那收音机是不是也能换一下?那个大的台式收音机,如果把电子管换成晶体管,不就能揣在兜里了吗?还有助听器,助听器刚开始也是用电子管,噪音很大,质量不好。我能不能用晶体管来替代电子管?这样的话市场就出现了。创新最后的受益者都是消费者,只有让普通人感受到创新带来的价值,才是成功的创新。

第六部分 敢于永不言败

> "要成功,先要经得起侮辱;面对失败,要有水的精神。"

客观地讲,对于任何人而言,遭遇失败都是难免的。为此,俞敏洪说:"要练成不要把自己当人看,别人说我是猪,我就说我连猪都不如,看他们能把我怎么办。自己都不把自己当人看,也就没有什么可打倒自己了,心胸也开阔了。坦然面对挫折和失败应该成为一种常态。人要学会水的精神,要不断向前流动。遇到阻力,也要像水一样变得具有无穷无尽的力量。"

在俞敏洪看来,人要有面对失败的勇气。俞敏洪称,他自己在生命历程中遭遇过很多次失败,不断地失败使他知道,坦然面对挫折和失败应该成为一种常态。

为此,俞敏洪以自己的奋斗过程举例。他介绍道,20世纪80年代末,中国出现了留学热潮,尽管自己全力以赴为出国留学而奋斗,三年半的艰辛准备却付诸东流,并花去了所有的积蓄。俞敏洪没有选择放弃,虽然留学失败了,但是他对出国考试和出国流程了如指掌。

基于此,俞敏洪后来创办了新东方学校。俞敏洪说:"我当时创办学校的目的还是为了两年后能再出去留学。"

据俞敏洪介绍，两年后他选择放弃出国留学，因为他找到了自己发展的方向。如今的俞敏洪能够感悟如此透彻，源于当年的失败和挫折。

在"创业大学堂"首场讲座《在失败和探索中成长》中，俞敏洪告诫在座的大学生们：创业要有坚韧不拔、不怕失败的精神，要有准备期，要懂得分享。究其原因，"成功是没有止境的"。

俞敏洪认为，活着的人是不能讲成功的，因为只要还往前走，就有经历失败的可能，俞敏洪的理由是："我们要追求的成功是一种心态上的成功，我把它比喻成摔倒了爬起来的精神。"

在这里，我们来看看俞敏洪一篇名为"我生命中的两次重大失败"的博文，相信能给创业者足够的启示和参考。

下面我来讲述对我生命有转折意义的两次失败。

第一次是我的高考。我在一篇文章中讲过我高考的故事，那时并没有远大的志向，作为一个农民的孩子，离开农村到城市生活就是我的梦想，而高考在当时是离开农村的唯一出路。但是由于知识基础薄弱等原因，我第一次高考失败得很惨，英语才得了33分；第二年我又考了一次，英语得了55分，依然是名落孙山；我坚持考了第三年，最终考进了北大。这里我想说明的是两点：

第一点是坚持的重要，因为无视失败的坚持是成功的基础；第二点就是能力和目标成正比，能力增加了，人生目标自然就提高了。我一开始并没有想考北大，师范大专是我的最高目标，但高考分数上去了，自然就进了北大。这算是我第一次体会到失败和成功交织的滋味。

我的另一次刻骨铭心的失败是我的留学梦的破灭。20世纪80年代末，中国出现了留学热潮，我的很多同学和朋友都相继出国。我在家庭和社会的压力下也开始动心。1988年我托福考了高分。但就在我全力以赴为出国而奋斗时，动荡的1989年导致美国对中国紧缩留学政策。以后的两年，中国赴美留学人数大减，再加上我在北大学习成绩并不算优秀，赴美留学的梦想在努力了三年半后付诸东流，一起逝去的还有我所有的积蓄。为了谋生，我到北大外面去兼课教书，因触犯北大的利益而被记过处分。

在俞敏洪看来，遭遇失败并不可怕，可怕的是就此倒下，而且没有找到解决其倒下的办法。

为了挽救颜面我不得不离开北大，生命和前途似乎都到了暗无天日的地步。但正是这些折磨使我找到了新的机会。尽管留学失败，我却对出国考试和出国流程了如指掌；尽管没有面子在北大待下去，我反而因此对培训行业越来越熟悉。正是这些，帮助我抓住了个人生命中最大的一次机会：创办了北京新东方学校。

一个人可以从生命的磨难和失败中成长，正像腐朽的土壤中可以生长鲜活的植物。土壤也许腐朽，但它可以为植物提供营养；失败固然可惜，但它可以磨炼我们的智慧和勇气，进而创造更多的机会。只有当我们能够以平和的心态面对失败和考验，我们才能成熟、收获。而那些失败和挫折，都将成为生命中的无价之宝，值得我们在记忆深处永远收藏。

对于失败，俞敏洪表示，创业失败一次就不再继续了，那是远远不够的。俞敏洪告诫创业者："任何时候勇敢地追求，你不会有多大的损失，不追求损失就大了。你创业本来就是一无所有，就算你创业失败一百次，你不还是一无所有吗？"

俞敏洪建议创业者：做事情都要有一个心理预期，预料到可能的最惨结局，进行思考评估，把这个最惨的结局想清楚了，就算真的到了那个结局，也不会害怕了。

俞敏洪说："你创业的最根本的打算就是我做不成，我赔得起，这是一个前提。不能像炒股票一样，借了钱做到赔不起的程度。凭你能得到的财力、投入的精力、你承受失败的能力，你估量一下，觉得全丢光了你还可以从头开始，这时你就开始创业。"

事实上,在创业途中,失败是难免的,不过,只要你不怕失败,那你就成功了一半。对此,史玉柱在接受《商业周刊》记者采访时反思道:"我当初失败是因为我的过错,最后成功是因为失败后我从没有想过退缩,而是积极思考失败原因,努力想新的办法。因为不能确定什么时候成功,你必须先学会失败。"

"上什么样的大学与创业成功与否无关。"

在"老俞闲话"上,有一个提问非常有意思。有一个网友问俞敏洪:"俞老师,您如何看待'国内20亿级别富豪2000多位,半数无高学历'的问题?"

面对此问题,尽管俞敏洪毕业于名校,却客观地回答了这个问题。俞敏洪说道:

> 一个人做生意能否成功与学历没有必然联系,这个观点已是过去式了。未来,没有学历或者说没有文化,想要做成生意的人依然会有,但是人数会大幅下降。
>
> 为什么过去许多没有学历的人能够获得商业上的成功呢?我认为这是中国历史发展的现象。1977年恢复高考,1978年改革开放以后,国家鼓励大家学习、考大学,但当时中国大学资源非常有限,每一百个考生大概只有三到四个人能考上大专或者大学。相比现在每年会有八百万左右的学生考上大学或大专,过去每年最多只有十几万的大学生,因此大量的人实际上没有上大学的资格,也就没有任何可能拿到学位。但是没有考上大学的人中,有很多聪明人,他们只是因为没有机会上大学

第六部分 敢于永不言败

而已。

每个人都需要想办法生存和生活。到了20世纪80年代、90年代,中国迎来经济上的改革开放,公有制开始转化,国营企业慢慢地衰退,国家允许私有制的出现,允许民间企业从个体户做起。对于没有机会上大学的聪明人来说,脑子并不笨,处理事情能力不差,所以他们很容易地就能抓住商业机会,于是在80年代到90年代,在房地产领域、制造业领域和其他服务业领域,就涌现一批大企业家和商人。

所以,从这个意义上来说,过去没有学历的人并不等于是笨而考不上大学,而是因为没有上大学的机会,他们同样拥有足够的能力来思考自己的命运、安排自己的人生、抓住好的机遇。

当然题中所说的富翁中,还有一部分人是依靠中国结构性调整所出现的机会而成功的,比如有些煤老板。这些煤老板中有的学历真的只有小学毕业,甚至小学都没毕业,但是他们依然成了亿万富翁。道理非常简单,因为在当时中国进行了资源调节,煤矿允许个人去开采,很多人就投入了煤矿产业成了亿万富翁。

我认为不论有没有学历,一个老板只有拥有维持自己财富的能力,并不断地创新、不断发展自己的企业和公司,他的财富才是可持续的。否则,就会像买彩票一样,抓住了一个临时的机会变成了富翁,但这样的"成功"方式往往不可持续。所以我们看到不少煤老板破产,也看到了不少人虽然抓住了偶然的机会成为富人,但是变富以后就开始赌博,开始做各种不靠谱的事情,最后等到新的机遇来临就再也抓不住了。

在俞敏洪看来,在未来的中国,草莽创业的阶段已经结束。虽然,在过去的时代,也许有很多人没有好学历却能做成企业;但是,在未来,没有学历而想做成事情的可能性会越来越小。俞敏洪列举了几方面的原因:

第一,中国大学和大专的扩招已经能够使百分之七八十的高中毕业生受到很好的高等教育,如果一个人在比例这么高的情况之下依然得不到上大学的机会,说明这个人的学习能力是比较差的,也说明了这个人对于知识的核心创新、机会的理解力和抢占机会的能力也是比较弱的。在这种情况下,未来想要创业成功难度就会异常大。因为在未来,中国的创业已经不仅仅是单纯地去抓机会,而是需要通过知识、技术、才能、眼界才能抓到机会。

第二,在未来,如果你没有学历,那么意味着你基本上无法理解这个世界上千变万化、转瞬即逝的高科技动态，以及高科技和现实之间的结合。当然你依然可以创业，比如说你可以去开个饭店、小农场或者小卖部，这种创业貌似不需要太深厚、太广泛的文化知识。但是在这种情况下，你所做的事业原则上也已经做不大了。原因非常简单，能做大的都是同互联网、高密集的高科技知识相关的产业，而只有那些对商业模式有着非常灵敏和独到理解的人，才能把这样的生意从小做到大。

第三，目前的商业模式与传统的商业模式之间已经有了翻天覆地的变化。未来新的创业机会需要创业者有非常完整而强大的知识结构，而不单单只是有大学学历。所以，往后没有学历的人能够做出像中国80年代、90年代那样的大企业这种事，已经基本不可能了。反观最近五六年中国所产生的亿万富翁，其实基本上90%是大学毕业生，并且要不就是毕业于非常好的大学，要不就是高科技专业毕业的人才。

俞敏洪直言，对于创业者来说，学习能力是非常重要的，尽管学历也非常重要，但是对于知识的学习能力和掌握能力更加重要，它们与未来的创业息息相关。因此，在创业者创业之前，特别是创业者梦想变成亿万富翁之前，请先思考如何能够获得终身的学习能力。俞敏洪的理由如下：

成功跟你的学历也是没有关系的，我跟马云都是高考了三年才考上的，我们两个现在大概都是本科毕业。在这点上我比马云要骄傲一点，他考了三年是杭州师范学院，我考了三年，我进了北京大学。但是大家都知道这个其实没有关系，站在今天这个舞台上来看，马云不管是他的资产还是他的社会名声以及他见到的社会名流都比我强。如果把这些也当作成功的标准的话，都要比我多得多，他的财产也比我多，他在中国的名声也比我大。

在俞敏洪看来，其实成功是一个不断向前走的一个概念，跟人们当初是什么状态是没有关系的。对此，俞敏洪认为：成功只是你只要有一点上进心，就是你要想到明天要比今天活得更加好，后天要比明天活得更加好，那么加上这个上进心，加上有耐心，可能就能取得更多的成功。

俞敏洪时常对学生讲，如果你现在感觉到自己不成功或者没有什么事业，没有关系，但是你只要坚持明天比今天好这个概念，五年不行，你就干十年；十年不行，你就干二十年。

俞敏洪回忆道：

我当时上学的时候，我跟马云一样，从来没有得过班里的前十名，他比我还要好一点。但是我当时就有了

第六部分　敢于永不言败

这样的一个想法，就是我用我的时间的长度，来听你的聪明的程度，就是同样的一件事情，你也许，因为我发现边上有这样的同学，包括进了北大以后，大家都知道北大都是像人精一样，我发现他们很轻松的，也许用一个礼拜就能干成的事情，我有的时候用一个月可能都干不到他们那种程度。所以我就在这样想，我到北大毕业的时候，也是全班倒数第五名的水平。所以我当时就有这么一个想法，就是你们干五年干成的，我干十年；你们十年干成的，我干二十年；你们二十年干成的，我干四十年……实在不行，我保持心情愉快、身体健康。

第七部分
团队建设就像揉面团

开始的时候,团队就像面粉,一拍就会散,但是随着时间的延长,往里面加水,揉啊揉啊,慢慢地就会成为面团,就很难散了,甚至越揉越黏,到最后这个团队就分不开了。

——新东方创始人 俞敏洪

第七部分　团队建设就像揉面团

> "企业要干好，三大块儿，一是利益，二是权力，三是人情。"

随着《三国演义》在华夏大地的热播，很多政治家及创业者都不自觉地认为，世界上最好的创业团队是《三国演义》中蜀国创业者刘备，及其创业伙伴关羽、张飞、诸葛孔明、赵子龙……

在这个创业团队中，最早加入这个创业团队的关羽武功较高，而且非常忠诚，又是刘备拜把子的兄弟；张飞同样武功较高，患诚教育，也是刘备拜把子的兄弟；诸葛孔明是一个难得的初创公司 CEO；赵子龙武功较高，忠诚较高。对于《三国演义》对自己的团队建设作用，俞敏洪直言受益匪浅。

俞敏洪曾在公开场合坦承，自己对《三国演义》非常痴迷，该书在如何协调人际矛盾、如何做好管理者方面，给俞敏洪带来新是视角。

俞敏洪在研读《三国演义》时，反复琢磨为什么曹操和刘备会成功。俞敏洪分析道：

> 曹操手下有一大帮伟大的人物，他本身就很伟大；刘备手下也有一大帮伟大的人物，刘备也很伟大。为什

么曹操对关公那么好,他还要过五关斩六将,非到刘备那儿去?曹操手下的人,不管刘备怎么拉拢,也不到刘备手下去?这就形成了中国历史上最著名的人才争夺战。就是抢人才,人才就是一切……

研究曹操和刘备这两个人为什么能称霸一方,我发现,他们得天下,刘备偏重人情,用人情来拉拢人:你们都是我兄弟,打天下就是一起的,就是兄弟,结拜。曹操没跟任何人结拜过兄弟,曹操用的是什么?是利益,当然也有人情。曹操有智慧,有思想,有人品,但是他更多用的是利益和规矩。

回想当初,俞敏洪邀请自己的朋友回来共同创业,为了解决"利益+人情"问题,俞敏洪按照每人分一个领域,自己赚钱自己花的做法,也就解决了利益冲突的问题,同时兼顾人情与利益。早在2000年,俞敏洪在接受媒体采访时分享了自己的解决之道:

> 我发现,企业要干好,三大块儿,一是利益,二是权力,三是人情。但是,当时(创业之初)我是个体户,我只要抓住两点,利益和人情,权力不用说,就在我手中,用好了就伟大,用不好就拉倒。
> 我认为好朋友一旦进入利益纠纷状态,朋友就玩完

了，所以他们从国外一回来以后呢，我就选择了一个就是说每人承包一块，个人干个人的，在新东方这个屋底下面，一起干……就这样干那么三五年，大家觉得干得挺不错。

俞敏洪之所以这样做，是因为在新东方原来的"诸侯割据"式的体制框架下，非常清楚地界定了核心团队成员的利益边界。其后，当新东方的不断发展使得原有利益格局打破后，俞敏洪重新进行公司化改造，重新分配个人的利益。

俞敏洪说道："任何人面对利益变动，都会有心态上的失衡。比如有些部门，原来的地盘没了，新的地盘也没分到，感觉上落空；外面的管理人员引进来，下面的人员成长起来，'老人'地位削弱，等等。这种情况下，很多人感觉什么也得不到了，就会做出很极端的事情来，比如会让你也什么都得不到。"

在初始阶段，俞敏洪管理新东方时，总是在利益和人情之间寻找最佳的平衡点。事实上，俞敏洪也曾找到了平衡点。俞敏洪说：

我发现，利益放在第一位，假如我给你的利益超过了别的地方给你的利益，那么，你留下来干的可能性就比较大。因为，我当时意识到，只要我手下有老师就什么都行。第二，在给你利益的情况下，我再给你人情，你就会很舒服，你就不会到别的地方去了。当时，我的人情比较低级，就是请老师吃饭、喝酒、出去玩儿。我们是哥们儿，我们是兄弟。我当时就是在这种浅层次上，用利益和人情调整关系的。

据俞敏洪介绍，在对待王强、徐小平这类核心团队上，其方式需要特殊处理。根据马斯洛的激励理论显示，人的需求分别为生理需求、安全需求、社交需求、尊重需求和自我实现需求五类，依次由较低层次到较高层次。这意味着处在底层的生理需求和安全需求的员工就需要管理者对其物质激励。见图5。

根据图5所示，作为企业的高层管理人员来说，薪酬激励的作用已经很弱——高层管理人员不再满足生理需求、安全需求、社交需求、尊重需求，自我价值的实现才是其最渴望的。对此，俞敏洪强调，与王强、徐小平"他们绝对是志同道合的人，思想境界是差不多的，对未来的追求也是差不多的，肯定会有利益冲突，肯定利益放在第一位，但是可以在思想的层面谈利益了。同时由于过去深刻的友情关系，王强、徐小平从来不把我当作上下级的，他们都以为他们是我的上级，在管理上不能令行禁止。这就给后来者也养成了这样的习惯"。

当然，任何一种管理方法，都有其阶段性，尤其是股份改造引发的高层危机让俞敏洪不得不反思激励范式的有效性。

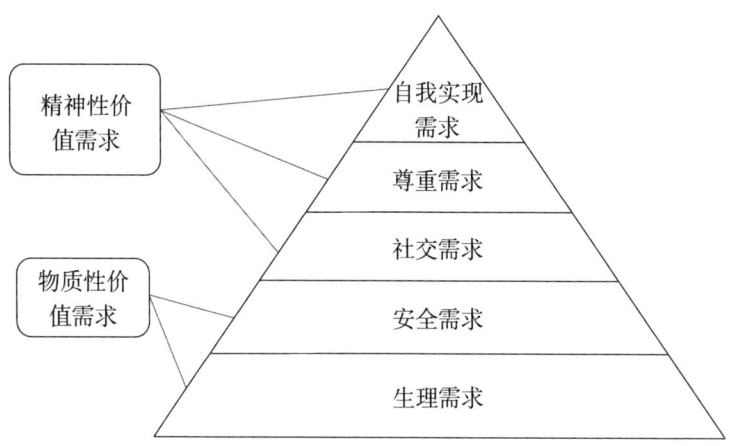

图5 马斯洛激励理论的金字塔结构

俞敏洪说道:"但最终,我决定把利益放在第一位。当时我意识到,最重要的是留住手下的好老师。假如我提供的东西超过了别的地方能提供的,好老师留下来的可能性会比较大。在这个基础上再给他们人情,就是锦上添花。后来,在新东方经过股份改造引发的高层危机之后,我不得不正面处理与徐小平、王强的利益关系。这时候我意识到,需要建立一个新的组织结构,各归其位,才能把每个人的特长发挥到极致。在友情为基础的结构里,你不能下命令、不能指挥,只能通过友情来权衡利益和权力,很可能形成一个矛盾圈和是非圈。如果这个问题得不到及时解决,如果没有良好的组织结构和利益分配机制,那么新东方很可能做不下去。

早在2002年,俞敏洪在接受采访时说:

新东方利益的重新分配,最后的那个结,就在徐小平身上,(徐)小平只是一个代表(2001年11月俞敏洪请小股东投票表决,是支持徐小平还是支持自己)。这个结不解,新东方就走不动了。最后大家做出抉择,徐小平离开董事会。

事后,俞敏洪总结道:

友情上注意分寸,保留一份关心与交流,不(要)过于求助于友情,让友情卷到痛苦与矛盾中来。

然而,由于太注重别人,导致俞敏洪在管理中始终在"利益+人情"上摇摆。俞敏洪说:

我个性太注重友情,太注重别人的感觉,我这个性看上去是宽容,过分了就是纵容的感觉。但是我没有办法,改不了,以至于新东方的管理结构没法建立,因为管理结构最重要的就是令行禁止,说一不二,我做不到。

这样的管理风格让俞敏洪一度苦恼。俞敏洪坦言:

在新东方,骨干们很容易越过规矩谈感情。我一个人做事通常能够雷厉风行，但与一帮人做事时，要顾及这个人的面子、那个人的面子，就变得相对软弱。有些时候都是各打五十大板，你这样做也对，这样做也错，通常会使他们不知我最终的态度。在利益分配时，总想保护每个人的利益，总想给每个人特别恰当的位置。

因此，当遇到利益、亲情、友谊发生冲突时，俞敏洪很为难。慢慢地，俞敏洪意识到，当新东方做大后，尽管新东方的企业内部管理十分复杂，亟待需要完善的管理制度。

新东方上市之前，作为创始人的俞敏洪，始终坚持用利益和人情来管理新东方，却把自己累得苦不堪言。

在慎重考虑之后，俞敏洪开始引入严厉的美国上市公司管理制度来规范新东方的内部管理，一方面避免人情和利益的各种问题，同时也实现了规范的制度化管理，提升了企业的竞争优势。

> "这个世界上没有任何一件事,是你一个人可以做成功的,我们讲究集体领导,其实,任何一个创业公司他也是一个集体领导和个人领导的过程。"

在"大众创业、万众创新"时代,很多创业企业如雨后春笋,但很多创业者组成了团队却不知道怎样去经营,最终草草收场。

如何管理团队,作为创始人的俞敏洪,无疑很有发言权。俞敏洪说:

> 这个世界上没有任何一件事,是你一个人可以做成功的,我们讲究集体领导,其实,任何一个创业公司他也是一个集体领导和个人领导的过程。

在俞敏洪看来,团队的成员要具备各种不同的技能和才能,才可以应对公司发展的各个方面要求。俞敏洪曾介绍说:

> 比如新东方之所以后来能够做大,其中一方面的原因就是没有从一开始就请王强、徐小平回国帮我。如果

第七部分 团队建设就像揉面团

一开始就用他们的话,这个公司可能会很快死掉。

可能读者会问,这究竟是为什么呢?面对读者的疑惑,俞敏洪说:

> 因为我无法领导他们,也付不起让他们满意的薪水。所以,我刚成立新东方的时候,用的都是家族成员,比如我的姐夫,我老婆的姐夫,等等。在这段时间,新东方当然没有什么所谓的现代化结构,但那时候,你不需要监控你的财务,即便他天天贪污你的钱,反正肥水也没有流入外人田。工作也不用计算时间,因为都是亲人。

虽然家族企业拥有自身的优势,比如家族成员的忠诚心和利他主义,以及家族企业中所有权与控制权的统一,避免了委托代理风险,有助于实现经营利益最大化,却不能解决"企业内部管理中的缺陷"问题。俞敏洪告诫创业者:

> 如果一直这样下去,就会出大问题,比如不利于管理。随着新东方的发展壮大,公司不断引进外来人才,家族成员的文化水平和管理经验都不足,却还要乱插手,其他员工很容易没有尊严感,不管是职业经理还是老师,他们都无法长久地忍受这种情况。

1995年以后，当俞敏洪深刻意识到家族成员会变成新东方的发展障碍时，他开始到国外把大学同学、中学同学招回来，理由是，他的大学同学、中学同学不论是才气，还是能力，都比俞敏洪的家族成员强很多。俞敏洪借助其大学同学、中学同学的力量，成功地把家族成员清理出了新东方，成功将新东方推向了新的发展阶段。

后来，当新东方准备在美国上市时，如果仅凭俞敏洪自身的力量，把新东方带上市其难度是很大的。俞敏洪自称，"是完全不可能的"。

为了解决这个问题，俞敏洪需要找一个顶级的美国上市专家，开出顶级的工资，才能保证新东方的顺利上市。所以，俞敏洪去美国面试了4个人，俞敏洪的做法很简单，其做法如下：

> 我让这4个人每个人跟我相处一个晚上，目的就是进一步了解和观察他们，和他们聊，无限制地聊，把这个人到底有什么样的能力聊出来。最后选中的那个人，长相很难看，但是很聪明，这个家伙的中文名叫谢东萤，现在已经在新东方待了8年，是新东方的CFO。他当时只答应我做一年半，把新东方推上市后就离开。一年半以后，他发现在全世界找到我这样大气的老板真的不容易，所以即使不断地威胁我自己要走了，但就是没有走。

第七部分 团队建设就像揉面团

我也很高兴,自己又找对了人。

新东方从初期的团队构建,到新东方的三次社会化发展,对团队管理都不一样。对此,俞敏洪是这样解释的,他有一个观点,具体是,要根据不同时期、不同发展阶段,用不同的人。

俞敏洪说,"团队要有精神、有灵魂、有想法、要团结,这样的共同体才可以称之为团队"。

回顾创业历程,俞敏洪说:

> 我喜欢跟一批人干活,不喜欢一个人干。创业初期,环顾周围的老师和工作人员,能够成为我的合作者的几乎没有,看来合作者只能是我大学的同学。

为了能够找到自己的团队成员,俞敏洪不惜千里迢迢,远赴美国。刚开始,他们都不愿意回来。毕竟,在当时,王强在贝尔实验室工作,年薪8万美元。

这样的高收入让俞敏洪很为难。事后,俞敏洪回忆道:

> 他一个问题就把我问住了:"老俞,我现在相当于60万(元)人民币,回去了你能给我开60万(元)人民币的工资吗?另外你给我60万(元),跟在美国赚的钱一样,我值得回去吗?"当时新东方一年的利润也就是一百

多万元人民币，全给他是不太可能的。

面对困难，俞敏洪有着刘备三顾茅庐的求才心理准备。不过，俞敏洪用了自己的示弱方法。俞敏洪介绍道：

第一，我在北大的时候，是北大最没出息的男生之一。我在北大四年什么风头都没有出过，普通话不会说，考试也不好，还得了肺结核，有很多女生直到毕业还不知道我的名字。

直到二十年以后的2000年，全班同学再聚会，全班女生恍然发现，我是我们班男生中挺有才干的人之一，才过来握住我的手，后悔当初没下手。

我去美国时中国还没有信用卡，带的是大把的美金现钞。我偷偷地带过去，规定是2000美元，我带了8000美元，分别装在不同的口袋里，我在美国只能花现金。这一花现金就给他们带来了震撼性影响。在美国一百、一百美元地拿出来花，这是超级有钱的标志。大家觉得俞敏洪在我们班这么没出息，在美国能够大把大把地花钱，要我们回去还了得吗？因为他们都觉得比我厉害。

我用的第二个方法，就是告诉他们："如果我回去，我绝对不雇佣大家，我也没有资格，因为你们在大学是我的班长，又是我的团支部书记，实在不济的还睡在我

第七部分　团队建设就像揉面团

上铺，也是我的领导。中国的教育市场很大的，我们一人做一块，依托在新东方下，凡是你们那一块做出来的，我一分钱不要，你们全拿走。你们不需要办学执照，启动资金我提供，房子我来帮你们租，只要付完老师工资、房租以后，剩下的钱全拿走，我一分钱不要。"

他们问："你自己一年有多少总收入？"

"500万元。"他们说："如果你能做到500万元，我们回去1000万元。"

我说："你们肯定不止1000万元，你们的才能是我的十倍以上。"

我心里想到底谁能赚1000万元还不知道呢！就这样，我把他们忽悠回来，到2003年新东方股份结构改变之前，每个人都是骑破自行车干活。

就这样，俞敏洪把王强他们请回来了。尽管第一年回来，只拿到5万元、10万元，但是到2000年，原始团队成员每个人都能拿到上百万元、几百万元的收入了。

在这样的团队更容易创业成功。俞敏洪说：

所以大家回来干得很好、很开心。因为是朋友，大家一起干，要不然一上来就确定非常好的现代化结构。但是在当时我根本不懂。我这个人最不愿意发生利益冲突,所以就有了"包产到户"的模式,朋友合伙,成本分摊,剩下的全是你的。

俞敏洪建议年轻创业者在组建团队方面作此考虑:

第一,一个有领导能力、有责任感、有威望的核心领导人必不可少;第二,团队一定要能够公开地、平等地、透明地,进行各种争论和挑战,但是最后能达到一个一致意见;第三,团队的成员要有各种不同的才能,这样能应付公司发展的各个方面的需要。

在俞敏洪看来,作为创始人,必须懂得沟通,否则就达不到期望的效果。俞敏洪认为,沟通能力包括交流和说明能力。大家都想找这样的人沟通,既能沟通表达明确,而且有信心把钱投到你手里。这样的人是什么概念?就是那些擅于把钱扔给你的人。

俞敏洪在选择创业者投资时,通过沟通,看上自己顺眼的人就投,至于他有没有财务报表根本不管,原因是创业者赢得了俞敏洪的信任。

俞敏洪认为,该创业者的能力可能会随着他的投资翻倍,而能力翻倍了,事情自然就做出来。俞敏洪的口号是,投一百家,只要有一家成就行。

第七部分 团队建设就像揉面团

> "切勿一人打天下,主导局面,组建强大队伍。"

当今,新技术的不断推陈出新,导致公司之间的竞争更加激烈,从而使企业所面临的情况和环境越来越复杂。面对这样的情况,企业就更需要每个员工之间的通力合作,从而更好地发挥团队的作用。因此,高绩效的团队必须要求所有组织成员之间在工作过程中进一步相互依赖、相互关联、共同合作。当然,高绩效的团队仅靠合作仍然是不够,卓越团队必须是建立在所有成员具有共同的理念和奋斗目标之上,有统一的行动纲领和行为准则,才能解决错综复杂的问题,并进行必要的行动协调,保持组织应变能力和持续的创新能力。

俞敏洪提醒那些即将创业或者正在创业的人:

> 要想取得创业的最后胜利,特别是随着世界经济一体化的纵深发展,要想创业成功,首先必须有一个团结、高效的团队;其次就要有团队合作的能力。事实上,作为一名创业者,要想成功创业,只发挥以一当十的干劲还不够,还必须提高自己的团队合作能力,使整个团队发挥以十当一的功效。因此,团队协作模式对个人的素

质有较高的要求，成员除了应具备优秀的专业知识以外，还要有优秀的团队合作能力，这种合作能力，有时甚至比成员的专业知识更加重要。

对此，俞敏洪自有体会，在中央电视台《赢在中国》栏目点评时重点强调了团队的建设：

> 开始的时候，团队就像面粉，一拍就会散，但是随着时间的延长，往里面加水，揉啊揉啊，慢慢地就会成为面团，就很难散了，甚至越揉越黏，到最后这个团队就分不开了。

俞敏洪的理由是，在创业中，团队的冲突是难以避免的。俞敏洪举例说：

> 我知道有一家估值十几亿的公司，因为几个创始人打架，快把公司打没了。一个创业公司有内部纠纷很正常，新东方就是几个合伙人打架打出来的，但面对重大的矛盾我从来没有失去过主导权，因为大家都知道如果俞敏洪走了，新东方就完蛋了。

在俞敏洪看来，作为创始人，可以通过团队管理解决合

第七部分　团队建设就像揉面团

作人之间的矛盾，有效地提升团队管理的能力。

无论怎么打，俞敏洪都要留下来好好干活，给大家赚钱，这是大家共同遵守的底线。所以，如果非要争个你死我活，宁可把公司弄没了也要把对方弄死，这就很麻烦了。估值十几亿的公司最后打没了，这是多大仇恨呢？

避免这种情况出现的唯一办法就是一开始要有个主导者，遇到有争议的问题，最终由主导者说了算。我们不能学项羽一个人打天下，要学刘邦，他和团队中的韩信、张良也打架，但刘邦是绝对处于领导地位的。

毋庸置疑，团队是成功创业的关键因素，俞敏洪提醒那些即将创业或者正在创业的人，在21世纪，个人单打独斗的时代已经远去，团队合作的时代已然到来。在这里，我们再来看看北京大学光华管理学院院长厉以宁教授在中央电视台《中国经济大讲堂》课堂上讲的一个新的和尚挑水的故事，相信读者会得出一个截然不同的结论。

一个和尚挑水吃，两个和尚抬水吃，三个和尚没水吃，这个观念有点旧，我们可以用新的观念来理解。

一个和尚没水吃，三个和尚水多了用不完。有三个庙，第一个庙的和尚们从河边挑水，路很长，到了庙就累了，所以当天够用就凑合了。回来后大家商议，挑水不能累呀，分为三个阶段，一个人挑一段就接力给下一个，这样挑下来就不累了。第二个庙，老和尚立了一个规矩，把三个徒弟叫来，我们引进新的机制，谁水挑的多，吃晚饭就加一些菜，谁挑得少就吃白饭，结果你追我赶，水一会儿就满了。第三个庙，三个和尚想不能老这样挑水呀，山上有竹子，把竹子连在一起，第一个和尚舀水，第二个和尚倒水进漏斗，第三个和尚就坐在边上休息换班，一会儿水缸就装满了。

上面关于新旧和尚挑水的故事，为什么结果截然相反呢？这就是团队的力量。因为高效的团队不仅让全体人员能够积极、主动地发挥他们的创造性，而且会使每个团队成员都积极地融入团队中。

第七部分　团队建设就像揉面团

> "学会在坚持原则的前提下和别人和睦相处，并且学会和别人分享自己的感情和思想。"

在"创业大学堂"首场讲座《在失败和探索中成长》中，主讲人俞敏洪告诉在座的大学生们，创业要有坚韧不拔、不怕失败的精神，要有足够的准备期，最重要的还要懂得与自己的合伙人以及职员分享。俞敏洪多次谈到，要想创业成功，必须懂得与人分享，下面就是俞敏洪对于分享的见解。

如果你是在团体里边工作，你就必须遵守在一个团体里做人的道理，新东方也不例外。

因为人是群体性的动物，所以必须学会在人群中生活。不管你的个性多么古怪，只要你选择在办公室上班，在一群人中间工作，你的人际关系的好坏就决定了你在一个地方的地位和威望。当办公室里所有的人都认为你很难对付，或者心情古怪，或者动不动就发脾气，或者有一点小权力就刁难别人，并且在很多事情上不配合别人的时候；当你在办公室不把自己当作所有人的朋友看，而是把自己当作所有人的领导看的时候，你的人际关系就会让你陷入绝境。当人际关系被毁掉的时候，你的地位和快乐同时也会被毁掉。在一群人中间不受欢迎的人一定是在一个地方待不长的人。在新东方，被我辞退的人大部分都是因为人际关系搞不好，而不是因为他们工作不认真。其中有的人工作极其认真，但是把所有的人都得罪了，结果弄得你把所有的精力都用在了解决他所造成的人际纠纷上。我并不是说让你为了不得罪人就做老好人，而是要学会在坚持原则的前提下和别人和睦相处，并且学会和别人分享自己的感情和思想。

在经营管理中，俞敏洪发现，新东方的有些管理者实际上在做老好人，不管员工做好还是做坏，都不加干涉。他是想维护好自己的位置，自己的权利。但是作为管理者，如果不能赏罚分明的话，就会使所有的人都没有干劲。如果你不把那些捣乱的人开除的话，你自己就会变得没有任何威望，因为群众的眼睛是雪亮的。一个领导人失去威望的时候，就是自己下去的时候。因此，人际关系的好坏既是员工的事情，也是领导的事情。

俞敏洪强调，在生活中会有各种各样的风风雨雨，在风风雨雨中间，除了需要家庭，有时候也需要朋友在前进的道路上互相搀扶。

俞敏洪称，他最欣赏的歌词之一就是周华健的《朋友》里的："朋友不曾孤单过，一声朋友你会懂……"

第七部分　团队建设就像揉面团

俞敏洪承认，"如果你想要交朋友，一定要记住一个前提条件——你要学会和朋友去分享生活，分享你的物质财富，分享你的痛苦和快乐。生命的丰富是因为你的分享而成倍地增长的。当你把自己的痛苦和幸福吐露给朋友的时候，你的心灵就得到了平静，你就变成一个更加亲切可爱的人。当你把痛苦和悲伤压在心中的时候，你就会变成一个古怪的人，最终会有神经崩溃的一天"。

对此，俞敏洪用两个比喻来说明什么叫分享。

我常常跟新东方的学生讲，大家要学会分享。你有6个苹果，你留下1个，把另外5个给别人吃。当你给别人吃的时候，你并不知道别人能还给你什么，但是你一定要给。因为别人吃了你的那个苹果以后，当他有了橘子，一定会给你一个，因为他记得你曾经给过他一个苹果。最后，你得到的水果总量可能不会增加，还是6个水果，但是你的生命的丰富性成倍增加，你看到了6种不同颜色的水果，吃到了6种不同的味道，更重要的是你学会了在6个人之间进行人与人最重要的精神、思想、物质的交换。这种交换能力一旦确立，你在这个世界上就会不断得到别人的帮助。这是第一个比喻。

还有，你生活中的痛苦和快乐一定要跟别人分享。因为如果你把痛苦压在心里，就像一座还没有爆发的活火山一样，早晚有一天会爆发，一旦爆发，力量就是毁灭性的，它可能会把你自己摧毁，也可能把别人摧毁。1980年，美国的圣海伦斯火山的爆发就是一个例子。圣海伦斯火山100多年没有爆发，人们认为它不会爆发。结果一夜之间爆发了，把周围几十英里的土地全部摧毁得一干二净，几个人一起才能抱拢的大树在一秒钟之内全部被烧毁。但是你到了夏威夷以后，你就敢站在火山口看岩浆源源不断地流出来，因为你知道有岩浆源源不断地流出来，它就不可能爆发。同样道理，当你心中有压抑和痛苦的时候，你需要朋友、同事、领导和你一起分享。当你和别人分享的时候，你就会发现你的心灵是平静的，而人的心灵的平静是一切幸福和快乐的根本保证。

创业要有分享的精神，俞敏洪极其重视分享，但在创业过程中有些人却没有看到分享的重要性。俞敏洪谈到，他看到不少大学生，几个朋友在一起创业，刚刚做到有发展迹象的时候，却因为有利润了，开始计较分多分少的问题，最后就散伙了，在创业还未达到顶级状态的时候就倒闭了，所以分享的精神在创业过程中也是非常重要的。

俞敏洪坦言，创业者要想成功，更多的时候体现在懂得分享果实，因为每一个创业伙伴都有自己的家庭，作为创业者，要学会将得到的果实分享给自己的同伴。因此，如果创业者懂得与他人分享，在很大程度上便能成功。反之，一个不懂得与他人分享的创业者，不可能将事业做大。

第八部分
上市没有那么美

在上市之后,我发现压力更大了,因为我们要为股民负责,今年赚了10个亿,明年就要做20亿,再后年要做30亿,所以我们一直被逼着做到了每年120多亿。

——新东方创始人 俞敏洪

第八部分 上市没有那么美

> "在上市之后,我发现压力更大了,因为我们要为股民负责,今年赚了10个亿,明年就要做20亿,再后年要做30亿,所以我们一直被逼着做到了每年120多亿。"

对于任何一个创业者来说,上市与否,关键取决于创业者的战略远景,以及将创业企业带向何方。这就意味着,上市与否,不关乎情怀,也不再是洪水猛兽。

在一次访谈中,俞敏洪谈到了关于上市的一些看法。有创业者询问俞敏洪:"上市对于创业者来说,是不是一个大家都有的目标?"

面对问题,俞敏洪是这样回答的:

如果说你有很多竞争对手,这个时候需要烧钱来竞争,那么如果你有办法上市,那一定是好的事情,首先你就会有许多资金,可以"耗死"竞争对手。假设你此刻不是特别缺钱,那我觉得上市是不急的,慢慢发展反而更加稳定。

另外,我觉得不是说上市的公司就是好的。拿我自己的新东方作为例子好了,上市之前,我们每年赚10亿

（元），服务10万个学生，在那些家长的眼中，我们就是一家好的公司了。但是在上市之后，我发现压力更大了，因为我们要为股民负责，今年赚了10个亿，明年就要做20亿，再后年要做30亿，所以我们一直被逼着做到了每年120多亿。

但是尽管如此，虽然我们钱越来越多，新东方在我眼里就是一个狗屁。目前的新东方不是一家好的公司，当我们为了赚钱的时候，很难去把控教学质量，也难去考核每一个老师，导致之前有一些老师做了假的包装。

在俞敏洪看来，上市虽然可以融到资金，让企业变成受社会关注的公众上市公司，有了更好的发展机遇，能够得到更多的发展机会，并且由于接受严格的监管，在管理方面更加规范，但并非没有弊端。

为此，俞敏洪曾在《商界评论》杂志上撰写一篇《上市没有那么美》的文章，分析了上市的利弊。

其实，把新东方做这么大，然后弄上市，对我个人生活来说，或许是一个错误的决策。但是，这又不是以个人意志为转移的。

在许多人眼里，上市之时，便是荣耀与财富之门开启之始。俞敏洪的新东方美国上市，作为中国首家教育概念股受到热捧,股价上涨强劲,个人财富也水涨船高。然而,我的工作与生活并不像人们想像(象)的那么惬意,在公司内部期望和华尔街严格的资本体系推动下,我就像一颗高速运转的行星,在学校、投资者、股东之间穿梭。

上市,是很多创业者梦寐以求的事情。然而,在俞敏洪看来,上市是看起来很美的事情:

> 上市以后,感觉压力陡增,实际上是把内部压力转化为外部压力了。以前内部人员拼命在问,新东方做得怎么样,新东方怎么做;现在变成外部投资者在问你做得怎么样,怎么做了。财富虽然扩张了,社会责任更是成倍地扩张了。我正在为履行这个社会责任而努力。
> 同时,我也感觉"做教育"和上市还是有一点冲突的。作为一家好的上市公司,你就要铁定做到收入增长多少、利润增长多少,以及人数要增长多少。但对于一个教育机构来说,它最大的可持续性发展的保证,在于它的教学质量,而并不在于它的学生每年增长了多少。

新东方的上市由此让俞敏洪陷入两个矛盾中:一方面要保持公司的可持续增长,另一方面要保证教学质量同步增长,这都是需要时间的。

俞敏洪举例称，仅仅在2007年一年中，新东方在教师培训管理上的投入就有上千万元。之前俞敏洪做事较为从容，原因是在上市前他从未算过新东方每年的增长率是多少，因此，他能从容地把该花的钱都花掉。当新东方上市后，虽然有钱了，俞敏洪却不能"从容地花钱"了，有时候还要省下来变成利润。所以对俞敏洪来说，这种状况就变成一个较难平衡的状态，也是比较痛苦的状态。加上俞敏洪本人较为喜欢悠闲地去做一件事，上市破坏了俞敏洪的做事风格。

俞敏洪举例说：

> 当时新东方初创时，肯定想做大，做到了一定程度觉得对我个人生活也够了，平时有点时间去旅游、写写书不是挺好吗？但是在做大的过程中，别人又参与进来了。当你认为自己做得差不多的时候，周围的合作者又会说不够好，他们希望你继续做。但同时随着人员的增加，利益纠纷增加了，结果你就发现自己主动做的感觉开始慢慢消失了。
>
> 比如说像新东方上市，开始的时候就我个人而言是不想上市的。但当时面临着竞争的问题和内部利益分配的问题，全世界的资金都在找中国的投资项目，而很多基金已经开始找到了教育领域。万一真有一家外语培训

第八部分 上市没有那么美

机构比新东方早上市了,那么从竞争和资金上来说,新东方将会面临一个强大的对手。

如果说新东方从最初的发展到做大的过程中还有我许多主动因素的话,上市从本质上来说是一直被推着走的。外来竞争对手算一个推力,内在的推动更厉害,因为公司发展到一定程度后,大家都拿了新东方的股权,股权变现是每个人都关心的问题。能一下子拿到钱,而且从某种意义上来说不需要承担太多后果,那当然是大家很希望的。

俞敏洪也承认,新东方上市的一部分原因是为了解决内部矛盾问题,否则新东方内部的人都觉得没有出头之日。

在内外因素的推动下,俞敏洪还是妥协了,最终只能决定上市。从俞敏洪个人的角度来说,至今他还认为上市不是其最佳的选择,但它可能是新东方和新东方人的最佳选择。俞敏洪的理由是:

> 我个人不上市,我的钱也够了;我本人比较节俭,不太花钱,一天只花一百块钱左右,都是用在吃上。我身上穿的衣服都非常普通,不是最贵的。车也有了,房也有了,孩子学习费也有了,老婆的生活费也有了。再多的话,反而出现一种困境,你的孩子们知道你钱很多,最后他们说不定就会利用这个,或者说他们不学习了,

或者把他们惯坏了，这些都有可能。

当然，新东方上市后，俞敏洪更加忙碌了。原因是，俞敏洪不得不把原来跟新东方内部人交流的时间，分出一大半跟外部的人进行交流，包括各种各样的投资者、各种股东，甚至还有各种各样的国际会议，俞敏洪都不得不参加。还有一点，就是更加被公众化了，俞敏洪个人的生活空间也同样受到很大挤压。

这样的变化，让俞敏洪难以接受。俞敏洪解释道：

> 对于未来，我想得比较简单。首先是要把新东方做好。如果这一点能做到，也许我会慢慢从总裁和董事长的位置上退下来，去做几件大事。第一，每年资助500~1000名贫困大学生，帮助他们完成大学学业。这已经在做了。第二，我希望能以上市公司股份换到的钱去办一个真正意义上的私立大学。我希望它是一个包括经济、法律、商学、哲学、宗教等的小型人文精英大学，并且能够做成中国一流的私立大学。第三，如有闲暇的话多读点书，到世界各地多走走，把我的那份悠闲心情给收回来。[①]

---

① 俞敏洪：《上市没有那么美》，《商界评论》2008年第1期。

第八部分 上市没有那么美

> "很多500年、800年的咖啡店现在还开着,规模没有变化,但老板祖辈相传,充满了幸福感和骄傲感。想一下,如果咖啡店以每年20%的速度扩张,会变成什么样?整个巴黎都应该是同一家咖啡店了。"

上市或者不上市,关键取决于创业者在不同的阶段制定中长期的战略远景。当新东方上市后,俞敏洪却认为上市并非看上去那么美。俞敏洪在《开讲啦》等多种演讲场合中提到,"人生最后悔的事情就是让新东方上市,因为上市以后每天如履薄冰,如果不上市,只在中国作为一个普通企业生存,日子会比现在潇洒很多。"

这样的观点让诸多创业者迷惑,尤其是那些将公司上市作为创办企业最大的梦想的创业者,企业真正上市后,怎么反而让创业者如履薄冰呢?可能有创业者认为,是因为俞敏洪他们创业成功了,得了便宜还在卖乖。然而,事实上并非如此。

可能创业者会问,既然如此,为什么要上市呢?雷军是这样回答的:"如果你当两年上市公司的老板,就会感受到那种煎熬中的压力,我是也投资人,投资了很多上市公司,我非常清楚公司上市的好处与不好。"

在很多场合下，一些企业老板总是大张旗鼓地向外界宣布，在多长时间之内必须让企业上市，而且不惜一切代价。如果企业老板这样做，或许你的企业离倒闭就不远了。

我们经常能看到，在一些企业上市后按捺不住狂喜的心情，不是把××企业成功上市的大幅标语挂在企业大厦的顶端，就是把上市作为炫耀的资本——我们是上市公司。

其实，这些企业老板压根不明白为什么要上市，除了攀比之外，大多都是盲目跟风。在中国，新东方可以说是民营教育机构的一面旗子。当新东方上市之后，其创始人俞敏洪曾经在多个场合向外界传递了对新东方上市的后悔。

当媒体记者以"作为一个成功者，你人生最大的失败是什么"来采访俞敏洪时，俞敏洪的回答给众多不惜一切代价上市的老板泼了一盆冷水。

俞敏洪说："最失败的就是让新东方上市。其他都还好。这个失败从另一个意义上说也是成功，没有上市也没有这么多关注。"

俞敏洪说，上市就要对股东负责，就要追求规模和利润增长。当企业扩张之后如何来保证质量就成为一个老板非常棘手的问题。

由于工作的原因，俞敏洪曾多次到访过欧洲。俞敏洪对巴黎的咖啡馆充满诸多羡慕，俞敏洪也在反思新东方上市是否错误。俞敏洪说："很多500年、800年的咖啡店现在还开着，规模没有变化，但老板祖辈相传，充满了幸福感和骄傲感。"

然而，企业一旦上市，追求规模和利润增长就不得不作为经营的重要战略方向，"想一下，如果咖啡店以每年20%的速度扩张，会变成什么样？整个巴黎都应该是同一家咖啡店了"。俞敏洪说，这感觉太荒谬了。

俞敏洪坦言，自己的下一个梦想，是建一所真正的非营利性的私人大学，有全球最好的师资，提供最好的教育。然而，当新东方上市之后，这样的梦想也开始远离自己当初上市的初衷。

客观地讲，俞敏洪的观点是非常有道理的。反观美国、欧洲等成熟的国家，许多企业不肯轻易上市，因为在这些企业老板意识中，是否上市是一个关乎企业生存和发展的、十分谨慎的决策。

然而，在中国崛起呼声中的诸多企业，几乎把企业上市作为一个伟大的目标来实现，甚至在很多企业战略中，明确把上市作为一件重要的事情来抓。

为什么美国、欧洲等企业不肯轻易上市，而中国企业纷纷举起上市的大旗？究其原因就是二者"上市观"的差异巨大。

这主要是源于企业老板的动机不同，前者是为了更好地把企业做强做大，而后者就是一些企业为了上市圈钱，甚至有的企业为了上市圈钱不惜造假。路径不同，其产生的后果无疑也是迥然不同。

在"传统企业到底该如何转型"培训课上,一个学员问:"周老师,我觉得美国、欧洲国家的家族企业创始人就知道傻乎乎地干,一点都不懂得利用资本的作用,不轻易上市就是太保守。"

其实,这个学员的想法很有代表性,他们只知道上市给家族企业带来利益,却不知道上市有时也会影响家族企业的发展。一般地,家族企业上市的作用有以下6个。

(1)上市有助于家族企业实现低成本、快速融资。融资是家族企业非常棘手的问题,而上市是家族企业在融资方面一个相对低成本的融资工具。事实证明,对于家族企业来说,上市仍然是一种较为快速的融资方式之一。

(2)上市可减少家族企业减少对银行贷款的过度依赖。在家族企业的发展过程中,为了获得更好的发展,创始人往往会向银行贷款,这样就会造成对银行存在一定的依赖性。然而,当家族企业上市后,家族企业从资本市场融到巨额的资本,家族企业的资产负债率会相应大大地降低,家族企业对银行贷款的依赖性也就相应地降低。相反,家族企业上市后,家族企业在银行的信用评级也会相应得到提高。

(3)可融资和再融资。在家族企业的发展中,往往面临着可融资和再融资问题。当家族企业上市后,就可以进行可融资和再融资。当然,家族企业可融资和再融资由此带来资金的乘数效应,从而获得更多的发展机会。比如,万科当初是以倒卖猪饲料开始的，后来凭借上市再融资获得了很多发展机遇，如今的万科在资本市场获得了充裕的发展资金。

（4）低成本广告效应。不可否认的是，家族企业上市前后，众多媒体发表相关的分析文章，对于提升家族企业品牌有一定的作用。

（5）实现跨越式发展。当家族企业上市后，不仅募集了巨额的发展资本，还能利用募集的资本来完成家族企业产业链的整合。

（6）提升家族企业的管理水平。当家族企业上市后，必须按照规定引进科学的公司治理方法，建立一套规范的管理体制和财务体制。这有助于提升家族企业的管理水平。

可能读者会问，对于家族企业来说，既然上市的优势如此明显，那么美国和欧洲的家族企业为什么不轻易上市呢？

原因在于，美国、欧洲等家族企业创始人知道，一旦家族企业"上市"，就意味着曾经一个人或几个人拥有的家族企业将变成由许许多多人（包括中小投资者）共同拥有。当然，这只是其中不愿意上市的原因之一，更多的原因见下。

（1）当家族企业上市后，人们往往对上市公司尤其是那些高成长型企业都有较高的成长预期。

（2）很多家族企业不愿意上市，其中一个理由就是不愿意接受上市公司严格的信息披露制度，因为家族企业一旦上市，就必须公开企业的信息，即使某些商业秘密也不例外，这是对上市公司竞争力的巨大挑战。

（3）一般地，当家族企业上市后，无疑就成为一家公众公司。上市对社会的直接影响以及企业自身社会形象都具有"放大"效应，一旦遭遇危机，家族企业的股票市值就可能大幅度缩水。

（4）当家族企业上市之后，就意味着家族企业创始人的股权被稀释，家族企业的经营战略，或者是某些经营决策也可能被更多人控制或者做出相应地改变，甚至有的家族企业控股权都有旁落他人的危险，尤其是过去家族企业创始人独享利润将被极大地"摊薄"。

第八部分 上市没有那么美

> "上市是很糟糕的一件事情……你犯得着吗？你干吗要这么辛苦？你不缺这个钱。"

新东方上市之初，作为创始人的俞敏洪半开玩笑地"劝告"投资者：不要让新东方的股价涨太高。

虽然如此，逐利的投资者显然不会把俞敏洪的话当真。其后，新东方的股价一路走高，资本市场甚至为新东方开出了超过50倍PE（市盈率）的高估值，而美国同类教育集团的PE通常在10倍到30倍之间。

俞敏洪当初小步快跑的愿望由此落空了。俞敏洪说过："股东期待新东方每年30%的增长，但我觉得新东方能增长10%就差不多了。"

在俞敏洪看来，新东方不是百度。俞敏洪曾试图告诫投资者：我不是百度那样的高成长科技股！

在杀红眼的资本市场，没有投资者理会俞敏洪的这样注解，新东方的股价持续地往上升。当然，对于资本市场，其股价的猛涨对新东方有什么好处或者又有什么弊端的问题，俞敏洪在过去从未关注过。

面对此，俞敏洪在第一时间咨询专家。在新东方赴纽交所上市准备期间，俞敏洪硬生生把自己变成了一个上市专家。

上市后，俞敏洪仍在关注如何保持与投资者沟通。让俞敏洪始料未及的是，老虎环球基金（Tiger Global Management）在2007年中突然抛售新东方股票，这让俞敏洪开始紧张起来。

在当时，新东方的股价一路猛涨，其价格已超过每股80美元。然而，当某一天开盘时，新东方的股价猛然下跌了5美元。更为关键的是，这一天新东方既没有发布财报，市面上也没有任何影响新东方业绩的消息。

面对股票的波动，俞敏洪意识到"一定是有大机构在卖你的股票"之后，他立即登录后台，发现原来是大股东老虎环球基金抛售股票。

此前，老虎环球基金曾经向俞敏洪承诺，在5年内不出售新东方股份。第二天，俞敏洪给老虎环球基金中国区代表陈晓红打电话询问此事，然而，陈晓红并不知情。

陈晓红把信息反馈到美国总部，才得知原来是老虎环球基金在美国的基金经理在抛售新东方股票。

2005年，老虎环球基金以每股2.225美元的价格投资新东方，总共投资2250万美元，占到20%的股份。当新东方上市时，老虎环球基金持有新东方14.91%股份（经过再融资，股权被稀释），共计2100多万股普通股。眼看新东方股价涨至80美元（此为美国存托凭证的每股价格，新东方每股存托凭证为四股普通股），身在美国总部的基金经理迫于股东分红压力而套现了部分股票。①

经过紧急沟通,俞敏洪和老虎环球基金达成了协议:怎么卖,然后按照什么方式卖,不要冲击新东方的股价市场。

当新东方股价跌至每股 50 美元时,老虎环球基金又将卖出的股份全数购回。当然,这波操作,老虎环球基金净挣了千万美元。

在当时,老虎环球基金的抛售,让俞敏洪措手不及。俞敏洪说:"因为他们手里拥有好几百万股(指存托凭证)。如果他全卖掉了,新东方的股价从 80 美元跌到 20 美元怎么办?"

心有余悸的俞敏洪开始反思上市是否值得的问题。2008年初,美国股市下挫,投资机构开始纷纷抛售中国概念股,一时间中国上市公司的股价全面下跌。因为有两家大机构也在抛售持有的新东方股票,新东方的股价一度跌至每股 49 美元。②

当新东方股票跌破 50 美元时,俞敏洪迅速与对方积极沟通。这两家大机构后来又迅速将抛出的股份回购。

俞敏洪的积极沟通赢得投资者的信任。俞敏洪坦言:"让对方对你这个人感到舒服了,他就不会随便买卖你的股票。"

经过几次历练后,俞敏洪自认为:我们跟投资者沟通一

---

① 林涛、蔡钰:《中国企业家——俞敏洪上市之悔》,《中国企业家》2008年第 9 期。
② 林涛、蔡钰:《中国企业家——俞敏洪上市之悔》,《中国企业家》2008年第 9 期。

点儿也不吃力,因为新东方的业务非常稳定。如果我们的业务像在坐过山车一样,这个沟通就会很吃力。

在俞敏洪的预期中,新东方的市值大概在数十亿元人民币,结果新东方的市值最高超过20亿美元。由于投资者的追捧,俞敏洪清楚,需要更高的增长要求才能被满足。

这样的趋势让俞敏洪很为难。"上市是很糟糕的一件事情。"俞敏洪告诉身边的人,"你犯得着吗?你干吗要这么辛苦?你不缺这个钱"。

2020年3月,胡润百富发布了2020全球教育企业家榜,俞敏洪拥有200亿元,位列第六。

俞敏洪的创业伙伴徐小平说:"拿华尔街冰冷的数字来跟他和我们这帮哥们儿喝酒庆功吵架来比,前者当然缺少了很多人情味,也许这就是俞敏洪后悔上市的原因。但是,上帝既然选择了俞敏洪做新东方总裁,他已经走上不归路了。这种压力、快乐,和对他来说的得不偿失,种种,都是他的命运。"

第八部分 上市没有那么美

> "我压力很大,也很疲惫,甚至后悔把新东方做大,后悔把新东方弄上市。"

2008年,俞敏洪在接受媒体记者采访时坦言:我压力很大,也很疲惫,甚至后悔把新东方做大,后悔把新东方弄上市。

正因为如此,新东方创始人之一的徐小平批评俞敏洪说:"作为一家上市公司的董事长兼CEO,他那么说(我后悔上市,我现在依然后悔上市),对那些渴望上市的公司很不公平。"

立场不同,其思考的问题自然也就不同。在资本市场,每年增长30%以上才是满足其逐利的属性,而俞敏洪认为,每年增长15%就已经很好。

由于新东方拥有过硬的业绩,当新东方上市后,始终保持着不俗的增长,股价保持向上的走势,无疑赢得资本市场热捧。

然而,俞敏洪的焦虑与日俱增且有增无减。2005年后,新东方的董事们逼迫俞敏洪接受风险投资,接受资本运作,将新东方推向美国资本市场。

起初，俞敏洪对此十分抗拒。俞敏洪的理由是，新东方上市破坏了他一直追求的"做事情的从容不迫和知识分子理想"。僵持了半年之后，俞敏洪最终妥协。① 其后，俞敏洪反思道：

> 我觉得新东方带了一个坏头，就是去上市。新东方上市当初有一定的合理性，原因是新东方已经发展了差不多20年。
>
> 新东方上市为中国民办教育提出了一个问题：民办教育应该有所区分，在民办教育领域应该区分成营利性的、以公司性质来进行的培训教育和非营利性的民办的学历教育的大学。这样的区分应该去做，国家在某种意义上也有这样的区分，新东方实际上开了一个先河，证明了像培训教育这样的领域作为一个公司运作是可行的，而且是受到全世界认可的。

在俞敏洪看来，他自己起了一个坏头。新东方上市以后，新东方的经营还算是不错，股价的上升，使得国外的投资者和国内做培训的人都认为培训是可以上市的，可以赚钱的，所以后面出现的很多机构就开始把上市当作目的了。在培训中以获利为目的，而背后的亏损全是资本家、投资人。俞敏洪坦言：

---

① 林涛、蔡钰：《中国企业家——俞敏洪上市之悔》，《中国企业家》2008年第9期。

第八部分 上市没有那么美

上市是可以的，但是上市人的目标和目的不能变。我们首先是为了孩子的成长，为了家庭教育的完善服务的。在此基础之上，你有良好的管理、运营，最后有营利，这是正常的。如果你把赚钱本身当作是办培训机构的目的的话，一定要出问题。作为上市公司，营利又是一个重要的考核指标，所以它就有了这样相对来说矛盾的地方。

这一次是我首先倡导，我说我们要开这样的一个论坛，来重新考虑民办教育，尤其是民办培训教育的价值回归和它的管理模式问题。让它尽可能地在现有结构下能够进入一种良性循环的轨道，这是我的初衷。

教育本身的价值观其实都是比较一致的，不管是民办还是公办，就是为了孩子们的成长服务，让孩子们得到全面的发展，增加孩子们的自信心，消除孩子们的自卑情结。这些都是教育的价值观。

从培训机构本身的价值回归来说，它的典型的要素就是为孩子们的现状提供服务，同时为孩子们的未来提供梦想和提供发动机的燃料，这是培训机构应该能做到的事情。

在俞敏洪看来，过大的压力让他感到疲惫。原因是，上市公司不仅要按照交易所公告企业的相关信息，同时必须重视短期规划,一旦上市公司在某个阶段,其盈利水平较低,甚至是大幅度缩水时,公司股价市值就相应大幅度缩水。

为了保持一个理性的股价,经营者就需要放弃当初的梦想和初衷,使公司的盈利战略与资本趋势一致,使中长期的战略规划受损。在《老干妈需要上市吗》一书中,就介绍过德国、日本等中小家族企业,尤其当涉及控制权和决策问题时,通常会抗拒以外部融资的代价换取企业短暂的增长,<u>企业一旦进行外部融资,无疑会损害中小企业的独立性和灵活性</u>。从这个角度来分析,或许能够解释俞敏洪在接受媒体记者采访及出席公开论坛说出"我后悔上市"的真正原因。

参考文献

（1）国语洋、张蕊：《盲目跟风开店 香辣鸭脖子店关门一大半》，《新晚报》2007年2月6日。

（2）姜子谦：《老字号企业是如何经营品牌的》，《北京商报》2012年8月8日。

（3）〔汉〕司马迁：《史记》，中华书局1982年版。

（4）刘乐平：《中国式创业悲剧在于缺少契约精神》，《杭州日报》2011年9月15日。

（5）李冰心、周鸿祎：《选择伙伴韧性比激情更重要》，《中国青年报》2007年4月30日。

（6）李延兵、王迎力：《俞敏洪：创业者最重要的是要有家国情怀》，《中国青年报》2015年10月23日。

（7）孟知行：《三位上海优秀企业家寄语青年创业者——兴趣是创业最好的动力》，《解放日报》2007年6月30日。

（8）苏龙飞：《雷士照明：资本猎手之间的博弈》，《经理人》2010年第12期。

(9)王成荣、李诚、王玉军:《老字号品牌价值》,中国经济出版社2012年版。

(10)王林、雷婧姝、王敬娅、林凡:《摩托罗拉为什么没落》,《第一财经周刊》2008年第3期。

(11)〔宋〕司马光:《资治通鉴》,中华书局2009年版。

(12)沈端民:《拜金主义:"梁山聚义"失败的根本原因》,《湖南财政经济学院学报》2011年第3期。

(13)徐静、廖婧文、刘沛思、樊峰会:《中小企业平均寿命仅2.9年》,《广州日报》2008年7月24日。

(14)小峰:《阿里巴巴披露IPO后股权结构:马云还剩127亿美元股票》,来源于网络。

(15)俞敏洪:《上市没有那么美》,《商界评论》2008年第1期。

(16)俞敏洪:《创业必须要跟创新的人在一起》,《新华日报》2016年8月10日。

(17)俞敏洪:《创业必须明白一件事,否则迟早要被玩死》,《网印工业》2018年第10期。

(18)俞敏洪:《中国经济到了十字路口,企业家如何再出发》,《中国企业家》2018年第10期。

(19)俞敏洪:《优秀的领导者都会自创气场》,《企业观察家》2018年第9期。

(20)俞敏洪:《人一生追求的不是长度和宽度,而是深度》,《北方牧业》2018年第10期。

（21）俞敏洪：《在不确定的时代，用确定的心态做事》，《中关村》2018年第8期。

（22）俞敏洪：《公司不是提款机》，《经理人》2018年第8期。

（23）俞敏洪：《在人生的更高处再见》，《决策探索》（上）2018年第7期。

（24）俞敏洪：《新东方的生命力基因》，《现代企业文化》（上旬）2018年第7期。

（25）俞敏洪：《创业的意义——从理想到梦想》，《中关村》2018年第7期。

（26）俞敏洪：《创业24年的思考》，《企业文化》2018年第8期。

（27）俞敏洪：《在人生的更高处再见》，《领导科学》2018年第6期。

（28）俞敏洪：《如何打造你的人脉圈？》，《中关村》2018年第6期。

（29）俞敏洪：《创业者应有的四重心态》，《商业文化》2017年第5期。

（30）俞敏洪：《我如何把家族成员清退出新东方》，《廉政瞭望》（上半月）2017年第3期。

（31）俞敏洪：《创业公司不会搭组织结构？学学刘邦》，《中关村》2017年第3期。

（32）俞敏洪：《盲目的自信也比懦弱强一百倍》，《现代营销》（经营版）2017年第3期。

（33）尹晓宇、李颖:《一手抓反腐一手抓治本》,《人民日报》(海外版) 2014 年 10 月 16 日。

（34）一凡:《照明企业:合资办企不能光靠讲义气》,《古镇灯饰报》2009 年 8 月 28 日。

（35）阳淼:《摩托罗拉:没落贵族兴衰史》,《新京报》2011 年 8 月 23 日。

（36）于斐:《如果企业的产品不能盈利,就是悲剧》,来源于网络。

（37）邹芸:《家电单品自建渠道 开专卖店切忌乱跟风》,《成都商报》2007 年 6 月 21 日。

（38）朱剑平、王春:《亚星化学山东海龙陨落 大股东"抽血"不断》,《上海证券报》2012 年 9 月 25 日。

（39）Emily Liu:《就算老公一毛钱股份都没拿到,在我心里,他依然是最牛逼的创业者》,来源于网络。

后　记

在"2017 DEMO CHINA 创新中国春季峰会"上，俞敏洪客观地分享了自己的创业观点：创业很酷，但也很残酷，并不是你肾上腺素飙升，拍脑门去做，就可以成功的事。

在俞敏洪看来，创业能否成功，取决于创业者自身，至于创业者如何创业，俞敏洪坦言：创业的失败率很高，创业者就需要放松一点，以游戏心态，即使失败了，可以再来。

俞敏洪解释说："很多人把创业变得太严肃了，爱钻牛角尖，没有放松的心态。没有输了再来的心态是不行的，不要祈求创业一次成功，一次成功通常做不到。"

在俞敏洪看来，创业失败率很高，要想提升其成功率，必须懂得组建团队。俞敏洪说："主导局面，树立威望，组建强大的队伍。我们不能学项羽只有一个人打天下。但是我们也不能学小公司打天下，没有领导人，最后打没了。领导者要树立在团队中的威望，否则你没法主导公司发展，你也没法对公司最后结局负责任，你必须有这种强势，这样公司就会长久。"

在本书中，作者以俞敏洪的讲话为背景，以俞敏洪的口述为基础，从多个方面——相信自己，敢于尝试；创业，光有热情远远不够；创业成败取决于创业者的态度；100份商业计划书，99份基本都被拒掉；创业时间可缩短，过程却不可跨越；敢于永不言败；团队建设就像揉面团；上市没有那么美……介绍了俞敏洪的创业经验，旨在帮助创业者少走弯路，走出创业的误区，让创业者事倍功半。

这里，要感谢"财富商学院"书系的优秀人员，他们参与了本书的前期策划、市场论证、资料收集、书稿校对、文字修改、图表制作。

以下人员对本书的完成亦有贡献，在此一并感谢：周梅梅、吴旭芳、简再飞、周芝琴、吴江龙、吴抄男、赵丽蓉、周斌、周凤琴、周玲玲、金易、汪洋、兰世辉、徐世明、周云成、周天刚、丁启维、吴雨凤、张著书、蒋建平、张大德、周凤琴、何庆、李嘉燕、陈德生、丁芸芸、徐思、李艾丽、李言、黄坤山、李文强、陈放、赵晓棠、熊娜、苟斌、佘玮、欧阳春梅、文淑霞、占小红、史霞、陈德生、杨丹萍、沈娟、刘炳全、吴雨来、王建、庞志东、姚信誉、周晶晶、蔡跃、姜玲玲霍红建、赵立军、厉蓉、李艾丽、李言、李文强、丁文、兰世辉、徐世明、李爱军、周云成、叶建国、欧阳春梅，等等。

任何一本书的写作，都是建立在许许多多人的研究成果基础之上的。在写作过程中，作者参阅了相关资料，包括电

后 记

视、图书、网络、视频、报纸、杂志等,所参考的文献,凡属专门引述的,都尽可能地注明了出处,其他情况则在书后的参考文献中列出,并在此向有关文献的作者表示衷心的谢意!如有疏漏之处还望原谅。

本书在出版过程中得到了许多教授,研究新东方、俞敏洪创业的媒体和商学院案例研究机构,自媒体、营销的专家,以及出版社的编辑等的大力支持和热心帮助,在此表示衷心的谢意。

感谢本书法律顾问大简律师事务所丁应桥律师。

由于时间仓促,书中纰漏难免,欢迎读者批评指正。

周锡冰

2022 年 6 月 28 日于财富书坊